40歳を過ぎたら、働き方を変えなさい

佐々木常夫
Tsuneo Sasaki

文響社

はじめに
……40代は「略す」知恵を身につけよ

人生を花にたとえるなら、20代は潜在能力を秘めた萌芽期、30代は能力を伸ばす伸長期、そして40代は熟練した力が花開く開花期と言えます。40代で自らの花を咲かせることができれば、50代で充実した成熟期が、そして60代では実り豊かな収穫期が訪れます。

人生の果実を手にできるか否かは、40代でいかに花を咲かせるかにかかっていると言っても過言ではありません。40代とは、20、30代で培った経験をベースに、結実に向けて自らを思いきり開花＝成長させる、エネルギーに満ちあふれた年代でもあるのです。

ところが、現実の40代はどうでしょう。

多くの経験を積んできたにもかかわらず、課長にもなれない、管理職への可能性さえ見えない。

限られた予算と人員を余儀なくされ、責任の重圧と過重労働にあえぐ管理職を見ていると、とてもじゃないが昇進なんてしたくない。

とはいえ、給料も上がらずやりがいも持てない毎日を送っていても、将来への不安は増すばかり。

気力体力も衰えを見せ始め、仕事や会社への限界を感じざるを得ない今、いったい何を希望に生きればいいのか。

こんなふうに、自分を思いきり花開かせるどころか、開きかけのまま萎《しお》れそうになり、途方に暮れている40代のほうが圧倒的に多いのではないでしょうか。

そんなみなさんに、私は言いたい。

希望が見えない今こそ、自分に何ができるか、自分を成長させるにはどうすればいいのかを真剣に考えてみてほしい。幸せを手にするために、何をどう努力すべきなのか、これまでの人生を振り返り、今一度冷静に考えてみてほしいのです。

厳しい経済状況を強いられる今、何をどう努力しようとムダ、これ以上がんばってみたって、大した果実は得られないと思う人もいるでしょう。
努力すれば報われた頃とは時代がまるで違う。がんばれと言われてももうがんばりようがない。そう言いたい人も決して少なくはないかもしれません。

でも、誤解しないで下さい。

私がいちばん言いたいのは、「40代のみなさんがすべきは、全力でがんばるのではなく、むしろ力を抜いてみる」ということ。

疲れ切った自分をこれ以上いじめる必要はない。

精神論でただがむしゃらにがんばる必要もない。

「幸せな人生」というゴールに最小限の努力でたどり着くために、ムダなものを省く＝不要なものを「略す」という考え方を身につけてほしいということなのです。

「略す」とは、戦国一の知将・毛利元就《もとなり》の戦い方を表わす言葉です。
毛利元就は、弱小国の領主として戦い生き残る知恵を「ムダな戦いはしない」「できるだけ戦を避ける」という策に見出しました。

戦いに勝ち残るには、戦は最小限に止め、よけいな血は流さない。

元就は、文字通り「戦いを略す」という戦略をとることによって、周囲の大国を打ち破り、中国地方の覇権を見事手にしたのです。

みなさんもこの「略す」というキーワードに従って、目の前の仕事や、身の回りの人間関係を改めて見つめ直せば、元就のように、最小限の力で必要な成果を叩き出すことが、きっと可能になるはずです。


事実、私も40代の頃は、この「略す」を手がかりに仕事に向き合ってきました。

私は39歳で課長に昇進しましたが、その直後妻が病に倒れたため、妻の看病と自閉症の長男を含む3人の子どもたちの世話をすべく、毎日18時には退社しなければならなくなりました。

そこで、自分も部下も定時に帰れるよう必死に知恵を絞り、「仕事では何をすべきで、何をすべきでないのか」を徹底的に試行錯誤したのです。

その結果、私はムダを省き、最短コースで結果を出す効率的な働き方をいくつか発見するに至りましたが、それは図らずも、元就のとった「略す」という戦略と共通していたというわけです。

本書では、私が実践してきた効率的仕事術と、長年のビジネスパーソン人生から得た働く真髄を、「略す」「略さない」というキーワードでまとめてみました。

組織で働く基本、人間関係のつくり方、具体的な時間術など、内容によっては初歩的と感じられる話題も登場しますが、これまでの経験に照らし合わせながら、ムダを省いて必要なものに力を集中する、みなさん流の「略す」働き方に役立てていただければと思います。

また本書は、働く40代の大多数を占めるであろう、管理職にまだなっていない40代の「君」を想定し、悩める「彼」に向けて私がアドバイスを送るという形で書き進めました（とは言え、本書は決して男性のみに向けたものではありません。女性の読者は「彼」を「彼女」に置き換えて読んでいただければと思います）。

日々仕事に追われていると、上司と打ち解けて話す機会はあまりないかもしれませんし、ましてや役員経験のある人間と語り合う機会などほとんどないと思います。そこで、私を

「かつて役員を務めていた上司」だと思っていただき、ふだんは聞くことのできない役員クラスの立場からの話を聞きつつ、居酒屋で一杯やりながらざっくばらんに相談をしている気分で読んでいただければ幸いです。

中には、管理職向けの話や、出世や昇進を勧める話題も出てきますが、「自分は管理職じゃない」「どうせなれない」と読み飛ばさず、みなさんの働く道しるべとして参考になさって下さい。

今は出世の望みがなくても、たとえ管理職を目ざさなくても、リーダーとしての視点から自分を磨き成長させる知恵を身につけておけば、重要な仕事を任される機会も増え、リストラ候補から除外される可能性も間違いなく高まります。

能力を認められて、別の会社に転職するという選択肢も、自分を成長させたいという高い意識を持ってこそ、可能になるのではないでしょうか。

「もう40代」とうなだれず、今これからの10年を、充実した50代を迎えるための重要な準備期間と考えれば、「やっておくべきことがまだまだある」「自分はこれからだ」と、自らを奮い立たせることができるはずです。

ムダな長時間労働や会議を減らし、重要でない業務はどんどん切り捨て、上司をして「手抜きの佐々木」と言わしめた私の「略す」知恵が、悩める40代のみなさんの重荷を軽くし、しなやかに、力強く花開くための絶好の肥やしとなれば、これほどうれしいことはありません。

佐々木常夫

もくじ

第1章 組織を生きる知恵は「略」にあり

第2章

「争い」は略せ、すべて味方と心得よ

第3章

成果を出すには「時間」を略せ

第4章

仕事を略して家族との時間を増やせ

第５章

略したぶんだけ人生は豊かになる

第1章

組織を生きる知恵は「略す」にあり

会社にしがみつくのではなく「自己愛」を極めよ

仕事はそれなりにやってきた。今の仕事にやりがいを感じないわけでもない。

でも、これから先、一生この仕事を続けていいのか不安がある。

かといって転職できる自信もない。

気付いたら、もう40。最近元気もなくなってきた。

やはり不本意でも、会社にしがみついて働き続けるしかないのだろうか。

もしかすると、君はそう思っているかもしれませんね。

でも、私は君に断言したい。会社のいいなりになるだけの人生なんて送ってはいけない。

君は君自身の幸せのために働くのだということを、今一度、しっかりと考えてみてほしいのです。

むろん、会社で働いていれば意に添わないことがたくさんあります。ひどい上司に仕えなくてはいけないこともあるし、望まない部署に異動になることもある。納得できないことに頭を下げなければならないことも少なくはないでしょう。

それに耐えるのは、会社で働く者の宿命とも言えます。自分の思い通りにならないことがあるのは当たり前。会社とはそもそもそういう場所なのだと自分に言い聞かせ、時には耐え忍ぶことも必要です。

でも、**耐えるのはあくまで自分を幸せにするためだということを忘れてはいけません。自分を幸せにするという目的を見失ったまま、ただお金のため、不安を紛らわすために働く滅私奉公など、略すに限ると言ってもいい。**

働くとは本来、自らを磨き成長させることによって幸せを得るものであり、不本意な滅私奉公を強いるものではないのです。

もっとも「40代になったらもう成長などできない」と考えてしまう気持ちもよくわかり

ます。私自身もかつては「35歳で勝負が決まる」と考えていました。でも、今思えば一番成長したのは40代です。私の場合39歳で課長になりましたが、役職についたから成長したのではなく、自分を磨くために思考や意識を変えたからこそ、成長することができたのです。

大事なのは、奴隷のように耐えることではなく、「自分を幸せにしたい」という自己愛をとことん貫き、自らの意思で仕事に向き合うこと。君に必要なのは、まずその覚悟をもつことではないでしょうか。

「忍耐」より「ゲーム感覚」で働け

働くという話になると、どうしても「努力」「忍耐」という言葉がつきまといますね。それなりにがんばってきた君からすれば、「努力も忍耐もしてきた」「もうがんばるのはイヤだ」と、ウンザリしてしまうのもよくわかります。

そこで、君が肩の力を抜いて、楽しく仕事をするのに役立つ、ちょっとしたコツを教えましょう。

それは、仕事を「ゲーム」だと考えてみること。「うるさい上司を説得しなければ」「何とかして成果を出さなければ」と深刻にとらえるのでなく、「どうしたらあの上司をウンと言わせられるか？」「何をクリアすればこの案件を通せるか？」といった具合に、仕事にゲーム感覚を取り入れてみるのです。

たとえば、取引先の人と名刺交換をしたら、「物腰は穏やかだが本音がわからない」「話は面白いが表面的」など、その人の第一印象をいったん決めつけて、名刺に書き込みます。その後、別の人からの印象を聞いたり、二度目に会った時に違った印象を抱いたら、最初の印象を修正していきます。

すると、やがてその人に関する多面的な情報が蓄積され、その人物とうまくやっていくにはこうすればよいのではないかという、明確な「仮説」が立てられるようになります。

この仮説を実際のつき合いやビジネスに生かせば、よりスムーズに、よけいなストレスをためることなく成果につなげることができる……これが私の考える「ゲーム感覚」です。

どうです？　「苦手だ」「嫌いだ」「面倒くさい」などと後ろ向きな気持ちでつき合うより、ずっと気楽に、しかも精度の高い仕事につなげられるような気がしませんか？

もちろん、最初のうちは「うまく仮説が立てられない」「立ててみたけど失敗に終わった」ということも少なくないでしょう。でも、失敗を振り返って「なぜうまくいかなかったのか」を反省材料として生かせば、予測の精度は次第に上がるはずです。

一度でも予測が当たって成功体験が得られれば、「よし！　次も勝つぞ」と仕事に対する意欲も増すのではないでしょうか。

私も苦手な上司とつき合わなければならない時などは、正面からガッツリいかず、「ゲーム感覚」でつき合うようにしました。好き嫌いはいったん横に置いて、その人に関する客観的なデータに基づいて動いてみるのです。

自分の予測が見事的中して、自分の思惑通りに上司が行動したときは、「おおっ! かかった! 引っかかった! やったぜ!」って、内心小躍りしたくなったものです。君もためしにやってみるといいですよ(笑)。

このように、仕事は時に「忍耐」を略して、楽しんでみるのも大切です。とくに40代は、確信的にゲーム感覚を取り入れて、ある意味お気楽に、自分自身を成長させてあげましょう。

ビジネスは予測のゲームです。耐えるばかりじゃ、しんどすぎますからね。

現場の仕事は略せ

40代になったら、実務をこなすプレイヤーを卒業し、「人を動かす管理職としての役目を果たす」という目標をもつことが大切です。

君くらいの歳になれば、すでに実務経験は十分だし、自分なりの仕事のやり方や行動パターンはもう決まっていますよね?

私は常々若い人たちに「プアなイノベーション(変革)より優れたイミテーション(模倣)を」と言って、優秀な先輩のやり方をマネすることで実力を伸ばすことを勧めていますが、君ら40代の場合は違います。人マネではなく、独自のものを創造していかなくてはいけない。そのためには、実務を思いきって手放し、「おまえ、これやってみろ」と部下に権限を委譲して仕事を任せてみることが重要になってきます。

「そうしたいのはヤマヤマですが、正直言って、部下があまり仕事ができないんです。要領が悪くて時間もかかる。任せられた仕事をこなすには、自分もプレイヤーとしてやらないと、とても仕事が回らないんですよ……」

なるほど。部下ができない。だから自分でやらざるを得ない。時間も人も足りなくて、仕事を教える余裕もない。そういう厳しい現場もたしかにある。人に任せるというのは、口で言うほど簡単なものではないのも事実です。

でも、だからこそとことん考えてみてほしいのです。どうすれば部下に効率的に教えられるか。任せられるようになるには何が必要か。もしかすると、君はこのことに知恵を絞らないまま、「コイツにやらせるより、自分でやったほうが手っ取り早い」と、安易に考えてしまってはいませんか。

その考え方を、思いきって捨ててしまうのです。**「目先の作業をこなすことより、人を育てることが優先である」と目標を切り替える。そのためには「今日の成果」より「半年先、1年先のリターン」で物事を見るという新たな視点も必要になってくる。**

管理職というのは、これまでの延長線上でこなすのではなく、新しい世界と向き合うつもりでやるべきものなのです。40代はイミテーションからイノベーションへと脱皮する時期だという意識を、忘れないようにして下さいね。

目先の欲など捨ててしまえ

自分を幸せにするため、成長させるために、不可欠なものがあります。何かわかりますか？　それは「欲」です。

「リッチな生活がしたい」「できるやつだと思われたい」「人の上に立って仕事がしたい」。そういう欲がある人とない人とでは、おのずと目ざす場所が違ってきます。欲は懸命に働き、学び取るための原動力、いわば人を成長させるためのエンジンなのです。

もしかすると、君は欲という言葉に抵抗を感じますか？　欲なんていらない、欲をかければ手痛い目にあうのが関の山だと思っていますか？

たしかに、欲をかき過ぎるのは危険です。「自分の我を押し通したい」「自分さえよければ他人がどうなろうとかまわない」などと自分本位になれば、当然他人からしっぺ返しを食らうことになる。欲だけでうまくいくほど、会社というものは甘くはない。そういう意味で言えば、目先の欲、他人を無視した自分本位の欲など、むしろ捨ててしまったほうが賢明かもしれません。

でも、その欲が自分本位を超えて、会社の利益や社会の貢献につながるとしたら、話は違ってきます。「部下を育てたい」「これを成し遂げて社会に貢献したい」という気持ちが軸にあれば、その欲はただの欲ではなく、多くの人に共感される志になるはずです。

欲が磨かれれば、必ずや志になる。そしてその志が、君を突き動かし、君を成長させる情熱になる。私が「欲を持て」と言うのは、君の成長を後押しする「志」という情熱を、君自身のなかに見出してほしいからなのです。

私の東レの後輩で、「トレビーノ」という浄水器の販売営業を担当していた女性がいます。当時「日本の水はただで安全、清潔」が当たり前。今と違い、浄水器を取り付ける家庭は決して多くはありません。そんな苦戦を強いられたトレビーノを、彼女は自ら街頭に立って、必死に売り歩きました。

しかも、何とか大量発注をもらえたものの、今度は人手不足で納期に間に合わないとなると、彼女は工場の人たちに「何とか間に合わせてほしい」と頭を下げて頼み、自分自身もラインに入って手伝い始めました。

するとこれを見た工場長は、必死にパートさんを集めて、納期に間に合うよう全力を尽くしてくれました。「何としてでもこれを売りたい。消費者に届けたい」。そんな彼女の欲や情熱が人の心を動かし、やがて会社を代表するヒット商品を生み出すという、ミラクルを起こしたのです。

君も彼女のように、志となる欲を、勇気を持って探し出して下さい。

「これができたら、みんなに褒められるだろうな」「やればできるんだと思われたいな」。そんな、ささやかな欲で十分です。

「欲なんて、自分にはないから」「今さらカッコ悪くて、そんな泥臭いことはできない」などという言い訳を捨てて、欲＝志の糸口をたぐりよせてみませんか。

ミラクルを起こす可能性は、君にだって、当然あるのですから。

「三流志向」に流されるな

課長や部長、役員や社長になれるのは、能力や運に恵まれた特別な人。どうあがいたって、普通の人間である自分が上に行けるわけがない。だから、出世の努力なんて時間のムダ。負け戦で消耗するくらいなら、はなから力を抜いて、楽に生きたほうがいい。三流と言われようが、苦しい思いをするよりはずっとマシじゃないか……。

ひょっとすると、君のなかには、そんな気持ちもあるかもしれませんね。

でも、はっきり言います。そういう考え方は、苦労する時期を先送りしているだけ。今は楽でも、あとになって必ずそのツケが回ってきます。

考えてもみて下さい。仕事の能力や収入、人脈といった実力は、歳をとればとるほど大きな格差が生まれます。入社当時からコツコツ努力した人と、努力もせず飲み歩いてばかりいた人とでは、明らかに差がつくことは君にもわかりますよね？　これと同じ差が、これからの10年、20年後にもまちがいなく生じます。

つまり、40代の今がんばらなければ、50代、60代になった時、さらに埋めようのない差になって、君の上にのしかかってくるのです。歳をとって気力も体力も衰えてから苦しい思いをするより、今のうちにがんばっておいたほうが、あとあとずっと楽。そう思いませんか？

そもそも出世というのは、「たまたま」「特別な才能があったから」できるのではありません。その場その場でコツコツと、何がしかの仕掛けをする努力を怠らなかったからこそ出世できるのです。

そうした努力をスタートさせるのに、もう間に合わないなどということはありません。これから先の幸せな人生を見据えて、エネルギーの出し惜しみをする「三流志向」は、スッパリと略しましょう。

目的めがけて、まっしぐらに「自分なりの一流」を目ざす間に、君は今よりはるかに多くの才能や人脈を獲得しているはずです。

「組織は家族」と考えてみなさい

会社がしんどい。人間関係がつらい。そう感じる時は、会社を「自分の家族」だと考えてみるのもいいと思います。ちょっと極端かもしれませんが、そりが合わない上司は「仲の悪い兄貴」、手のかかる部下は「やんちゃな弟」だと考えてみるのです。

家族だと考えてみると、「イヤだなあ」「面倒くさいなあ」と感じていた上司や部下に対して、ちょっと見方が変わるでしょう？　苦手意識が薄れて、わずかながら親近感もわくのではないでしょうか。

「え！　会社を家族と思えだなんて、そんなの間違っていませんか？　そもそも仕事とプライベートは分けて考えるのが常識のはず。そこをごっちゃにしてしまうなんて、あまりにも乱暴すぎませんか？」

なるほど、確かに巷ではそう言われますね。仕事は仕事、プライベートはプライベートで切り離して考えるべき。仕事に家族的な情を持ち込むのはスマートじゃない……それが仕事に対する一般的な考え方かもしれません。

でも、考えてもみて下さい。会社の仲間とは朝から夕方まで、ほぼ毎日、同じ時間や空間をともにするのですよ。そういう相手に「情を持つな」「仕事の関係だとクールに割り切れ」だなんて、人としてむずかしいとは思いませんか？

私は自分のチームの人たちを、家族だと思って接してきました。悩みがあれば、仕事以外のことでも親身になって聞く。困ったことがあれば、できる範囲で手を差し伸べる。心得違いがあれば、時間をかけて言って聞かせる。

そうすることによって互いの信頼感が高まれば、チームの結束は強まります。個々のモチベーションもスキルもアップします。盤石《ばんじゃく》の組織をつくるには、クールな関係より、むしろ家族のような強い思いやりで結ばれた関係が求められると言っても過言ではないのです。

心理学者のアドラーも、人が生きていくのに必要なのは「共同体感覚」、すなわち「他者を仲間と見なし、そこに『自分の居場所がある』と感じられること」であると説いています。

対人関係の軸に「競争」があるうちは、他者全般を、ひいては世界のすべてを敵と見なすことになる。でも「人々は私の仲間なのだ」と思えば、世界の見え方はまったく違ったものになる……。

アドラーのこの言葉が示すように、**会社での人間関係を「競争」「争い」などでとらえてしまうと、敵対心が芽生え、悩みが生まれ、不幸から逃れられなくなります。だから人間関係で悩みたくないのなら、自らの内にある敵対心や争いの心は略してしまったほうがいい。まさに文字通り、「戦いを略す」ことが戦略となるのです。**

会社の人たちを「仲間である」という共同体感覚でとらえ、自ら友好的に、積極的に関わろうとする意思を持てば、会社は君を幸せにする「かけがえのない居場所」になるはずです。

未知の仕事をこわがるな

そうですか。君は新しい部署に異動になるのですか？

それはきっと、君にとって好ましいことだと思いますよ。異動は自分を成長させるうってつけのチャンスですからね。異動先によっては、栄転だの左遷だのとあれこれ気をもむこともあるかもしれませんが、なに、どこに行かされることになったって、悩む必要なんてありません。

何しろ、君にはこれまでに培《つちか》った経験という武器がある。それを使って、君らしく戦って成果を出せばいい。大丈夫、自信をもって辞令を待って下さい。

とはいえ、少々憂うつに感じてしまう君の気持ちもわからなくはない。

未経験の部署に行けば、現場の業務や専門知識についてはわからないことばかり。うまく仕事を仕切れるか。リーダーとして決断力を発揮できるか。これまでの経験が生かせるのか。不安になってしまいますよね。

でも、リーダーに必要なマネジメント力や決断力、発想力は、どの部署に行っても変わりません。君が培った経験が必ず生かせます。

ただひとつだけ注意してほしいのは、新しい部署に着任したら、最初に必ず「事実の把握をする」ということ。これだけは時間をかけてしっかりと調べ、頭をフル稼働させて考えるようにして下さい。


たとえば、私は45歳の時、初めて営業部門に配属されました。企画や管理などスタッフ部門しか経験のなかった私が、漁網と釣り糸の原材料を販売する部署の営業部長になったのです。

さっそく事実の把握に取りかかると、釣り糸のシェアが苦戦していることがわかりました。原因を調べたところ、流通経路が〈東レ→販売元→問屋→小売店〉と多段階であるために、最終小売価格が高くなっていると気づきました。

そこで、私は販売元をひとつにまとめて新会社を設立し、東レから小売店へ直接販売すべきだと提案しました。当然、社内からも問屋からも反対意見が巻き起こりましたが、サプライチェーンに無駄が多いのは明らかな事実。私はこの事実をもとに反対者を説得し、この改革をやり遂げました。その結果、苦戦していた釣り糸のシェアを大幅に改善することができたのです。

こうしたイノベーションを起こせたのは、私がその部署のことを知らない新参者《しんざんもの》だったからだと言えます。従来の慣習や常識に縛られず、自由な発想ができたからこそ、大胆な提案が可能となった。このように、未経験であること、新参者であることは、弱みどころか強みにもなりうるのです。

むろん、**新参者が従来のやり方を変えようとすれば、周囲からの反発も避けられません。しかし明白な事実を掴んだうえで、会社のためになると確信できるなら、強い意思でやり遂げるべきです。何としてでも結果を出す。結果を出して文句は言わせない、という気持ちで仕事に臨むのです。**

いいですか。新しい部署に配属されたら、何はさておき確かな事実を掴むことに注力して下さい。新参者であることを強みに、未経験であるという不安など、略してしまってかまいませんよ。

良い習慣だけを身につけよ

40代は忙しい。管理職として大量の仕事をこなしつつ、人を動かす力も鍛えなければいけないのに、とてもじゃないが時間が足りない。限られた時間のなかで新たな能力やスキルを身につけるにはどうしたらいいのか……。

そんな焦りを感じているなら、君にひとついいやり方を教えましょう。

それは、良いと思われる行動を繰り返して習慣にしてしまうこと。習慣にすることでその行動が自分のものになってしまえば、やがて難なく続けることができるようになる。それが習慣化のメリットです。

たとえば、良い習慣のひとつに「一歩先の行動をとる」ことがあります。

会議や打ち合わせの時、10分程度の余裕をもって席につくようにする。そうすれば、事前に資料に目を通したり、気づいたことを頭のなかで整理できる。ギリギリに到着して、あたふた始めるより、効率的で実のある打ち合わせができる。これを習慣化すれば、限りある時間を有効に使うことが可能になりますよね？

「なんだ、そんなことか……」と思いましたか？　そう思うなら、いつもの君自身のやり方を、あらためて振り返ってみて下さい。

何事もギリギリに始めて、準備のないまま物事に突入したせいで、やれあれをやるんだった、やれこれが足りないのとバタバタした挙げ句、一からやり直しでよけいな時間を浪費してしまった……なんてことを繰り返したりしていませんか？　そんなやり方だと、どれほど時間があっても「時間がない！」となってしまいますよね？

なにも1時間も2時間も余裕を持てというのではないのです。**困難なことを習慣化するのはそもそもムリですが、たった10分ならば十分習慣にできる。そのたった10分の積み重ねが、君の仕事に大きな成果をもたらしてくれるのです。**

良い習慣はこれ以外にいくらでもあります。例えば「挨拶」もそうですし、整理整頓を習慣にすることもそのひとつ。「忙しくて片付ける時間がない」と考えるのではなく、「毎日10分だけ整理整頓」と決めて習慣にしてしまう。そうすれば、書類やメモをさがす手間が省け、そのぶん別の仕事に時間を使うことができます。そんなにむずかしいことではないですよね？

この良い習慣を身につけられるかどうかで、管理職としての能力は大きく変わります。自分より優秀だと思っていたライバルを追い抜くことだって、決して不可能ではありません。

実際に、私はこの良い習慣を身につけることで、同期トップで取締役に就任することができました。同期のなかには、東大法学部卒の非常に優秀な人がいたのですが、彼は持ち前の才能や資質で勝負するのみで、良い習慣を心がけて成長しようとはしなかった……それが出世の差となったと私は思っています。

だから君もぜひ、良い習慣を身につけることを心がけて下さい。

良い習慣は才能を超えるものなのです。

本物の礼儀正しさを叩き込め

君の同期のなかに、いわゆる「パフォーマンスのうまい」男がいるそうですね。たいした根拠もなく「自分ならできる」と言ってのけたり、上役の前で派手に自分をアピールしたりする。

こういうタイプの人間が注目を集めたりチヤホヤされるのを見ると、実直な君としては内心穏やかではいられないかもしれませんね。「目立つ人間のほうがやっぱりトクなのか」と、焦りや苛立《いらだ》ちを覚えるのもわからなくはありません。

でも、安心して下さい。上の人間は目先のパフォーマンスだけで評価なんかしません。派手か地味かではなく、仕事ができるかどうかをしっかりと見抜いている。だから、ムリをして目立とうとする必要なんか絶対にない。「目立つのがトク」という思い込みは略すに限りますよ。

では、人は何を見て仕事のできるできないを見抜くのか。

それは他でもない、「礼儀正しさ」です。

「なんだ、そんなことか」と思うかもしれませんが、礼儀正しさを侮ってはいけません。

礼儀正しいということは、一見シンプルに見えて、じつにさまざまな行為が含まれている。**ビジネスに相応しい服装をする。きちんと挨拶をする。相手の目を見て話す。約束を守る。過ちを素直に認める。気遣いを忘れない。欲張らない……これらが自然にできて初めて、礼儀正しい人と呼ばれるのです。**礼儀正しくあることがいかにむずかしいか、こうして見るとよくわかりますよね？

なかには、「礼儀正しさ＝馬鹿丁寧」だと勘違いしてやたらと長いメールを送ったり、表面的なサービスを礼儀正しさだと思い込んで慇懃無礼《いんぎんぶれい》と受け取られる人もいます。悪気はないのかもしれませんが、こういう人が高い評価を受けることはまずありません。礼儀正しさを誤解しないよう、注意が必要かもしれませんね。

君も、常日頃から自分を真摯《しんし》に省みて、本物の礼儀正しさを身体に叩き込んで下さい。これを身につければ、必ず君の評価は高まります。「礼儀正しさに勝る攻撃力はない」ということを、どうか忘れないように。

ビジネスは長期で考えるな

君は以前、私にこう言ったことがありましたね。

「自分にはこれといった夢がない。ビッグになりたいとか社長になりたいとか、大きな野望をもったこともない。そういう野心のある人がうらやましい」と、少し後ろめたそうに話していましたよね？

もしも君が、今でもそうだというなら、そのままでかまわないと私は思いますよ。夢なんてムリして描くものじゃないし、現実味のない絵空事を夢見たところで、たんなる空想で終わってしまうのが関の山ですからね。

もっとも「こうなりたい」という夢や野望は、自分を奮い立たせるのに役立ちますから、ないよりはあったほうがいい。「10年後、15年後にはこうなっていたい」という長期ビジョンがあれば、今自分がとるべき行動の指針も明確になりやすいですしね。

ただ、こういうのはいわば「床の間の掛け軸」ですから、時々仰ぎ見るので十分。日頃から長期を意識する必要なんかありません。そういう意味で言えば、君の場合、長期より「短期の目標（1年でやるべきこと）」や「中期の計画（3年でやるべきこと）」をしっかりと立てることのほうが重要かもしれませんね。

ちなみに私の場合、30代の頃は課長や部長になった自分をイメージし、40代では「自分が経営の一端を担ったらどうするか」を長期ビジョンとして考えるようになりました。

え？　入社した時から「社長になる！」という野望があったんじゃないかって？　とんでもない、そんなのまったくありませんでしたよ。何しろ、長期だの中期だのと具体的に考えるようになったのだって、40代に入ってからですからね。

こんな話を聞くと、今から夢を、長期ビジョンを思い描くのも、決して遅くないという気がするでしょう？　目の前の目標を地道に、計画的に遂行していけば、きっと君にも長期のビジョンを思い描きたくなる時がきっと訪れますよ。

イエスマンになるな、当事者意識をもて

上司に提案した新規事業の企画、突き返されてしまったんですか。「こんなことより、おまえにはもっとやるべきことがあるだろう!」「詰めが甘い。こんなんじゃ失敗に終わるのは目に見えてる」ときつく言われてしまったとか。寝る間も惜しんで考えたのに、残念でしたね。

でも、そもそも新しい事業の企画を通すのは一筋縄ではいかないもの。会社がリソースを提供してもいいと納得するだけの秀逸な内容じゃないとまずいわけですから。たった一度の提案で受け入れてもらえるほど、新しいものへの挑戦はたやすくはない。そのことが身にしみてわかっただけでも大収穫ですよ。

それに、ガッカリすることはありません。日本の会社の多くは既存の事業を継続することに手一杯で、なかなか新しいビジネスを生み出せずにいるのが現状です。だから今回の君のように、新しい企画やアイディアを積極的に出してくれるのはありがたいことのはずです。

実際、君の上司も内心では喜んでいるかもしれませんよ。突き返されたとはいえ、「詰めが甘い」「失敗に終わるのは目に見えてる」と言われたんでしょう? それは「もっと詰めてから提出し直せ」という意味かもしれない。どこがまずかったのかとことん練り直して、改めて挑戦してみてはどうですか。

「よけいなことをしたら睨《にら》まれるだけ」「仕事なんて、上の言うことにハイハイ従っていればいい」と考えている人も少なくないですが、それは大きな誤りです。

上司というのは、自分の決定に逆らう人間は嫌いますが、自分の言うことを右から左にハイハイ聞いているだけのイエスマンを心底認めることはありません。「アイツは俺の指示通りに動くだけ、それだけの人間だ」と思ってしまいます。

だから、上司に認められたいなら、当事者意識をもって仕事に臨むべきです。「どうせダメと言われるのがオチ」「指示待ちのイエスマンのほうが楽」という後ろ向きな考え方はとっとと略す。そんなことを考えてみたって、君の成長には何の役にも立ちませんからね。

「異質な意見」にこそ耳を傾けよ

40代では、これまでとはちがう意識のイノベーションが求められると言いましたが、実際のところ、これは口で言う以上にむずかしいことかもしれません。

なぜなら人は固定観念や思い込みにとらわれやすく、とくに40代を過ぎると、よくも悪くも自分なりの考え方や価値観が固まってくるため、若い時以上に思い込みにとらわれやすくなってしまうからです。

たとえば、君がこれまでに教えられてきたやり方、自分なりに実践してきたやり方で成果を出してきたとしたら、それが「正解である」と考えますよね？　このやり方を踏襲《とうしゅう》したほうがよい、部下にもこのやり方を徹底させるべきだと、自信をもって思いますよね？

そんなとき、自分とは異なるやり方を提案する部下がいたら、君はどう思いますか？

相手の言い分を聞く前に、「なぜこれまで通りにやらないのか」「どうして言うことを聞かないのか」と、半ば反射的に苛立ちを覚えませんか？

このように、自分、あるいはこれまでのやり方ではないものを怪訝に思い、誤りであると断じてしまうのは、自分自身の頑《かたく》なな思い込みによるもの。自分にイノベーションをもたらすには、この頑なな思い込みを捨て、異質な意見に思いきって耳を傾ける姿勢が必要です。

「でも、これまでと違うやり方をされたら、チームの統一がとれなくなってしまいませんか。それに反対意見に耳を貸したりしたら、リーダーとしての威厳や存在感を示せない。自分に従わせるためには、言う通りにやれと強く出ることが大事なのではないですか」

君、リーダーというものを勘違いしていますね。優れたリーダーは、威厳だの存在感だの、そんな表面的なことをとやかく気にしません。反対意見を嫌って耳を貸さないなんてこともしません。

むしろ異質な考えを進んで受け入れることによって、自分の思い込みを正し、チームをよりよい方向に導こうとする。異議を批判と受け取らず、ブレイクスルーのチャンスとと

らえて謙虚に聞く。それができて初めて、リーダーとしての威厳や存在感を獲得できるのです。

自分の考えややり方を批判的に見るのも、部下の提案が優れていると認めるのも少し癪《しゃく》かもしれませんが、チームの成果が上がればそれは君の手柄になります。認められれば部下のやる気も上がり、チーム全体が活性化します。そうなれば、いばったり怒鳴ったりしなくたって、部下たちはリーダーとしての君を喜んでリスペクトするようになりますよ。

もっとも、部下の意見が的外れだったり、採用するに値しないということも当然あります。その場合はきちんと説明して納得させなければいけない。手間がかかりますが、この手間が部下を育て、管理職としての君を育ててくれます。

異質な意見に耳を傾けるという努力を、決して略してはいけませんよ。

「タテ」より「ヨコ」で思考せよ

仕事のできる新人が入社したのですか。

性格もいいし、仕事を覚えるのも早い。気転もきくし、発想力も豊か……ほう、それはすばらしい。そんな逸材がやってくるなんて、とても幸運なことだと思いますが、君、なぜそんな浮かない顔をしているのですか？

「年下なのに仕事ができて、劣等感を感じてしまうんです。ベテランの自分にはない力があると思うと、うらやましいやら妬《ねた》ましいやら……少しだけ焦りを感じてしまうんですよね……」

なるほど、君は思っていたより繊細ですね。楽観的で能天気な私が言っても説得力がないかもしれませんが（笑）、あえて言いますね。そんなこと気にしなくても、大丈夫ですよ。

だって、君にはその新人にはないベテランという強みがある。ベテランというのは経験が多い、つまりある一定の年齢までいろいろなことをやってきたということ。君は気づいていないかもしれませんが、それはそれだけで、結構な強みになるものなんです。自信をもっていいと思いますよ。

ただ、誤解のないように言っておきますが、私は「ベテランだから優れている」と言っているのではありません。私が言いたいのは、「ベテランにはベテランの、新人には新人の強みがある」ということ。「ベテランか新人か」というタテの関係ではなく、「お互いに対等である」というヨコの関係で見るのが大事だと言いたいのです。

「アイツは自分より下」とか「この人は自分より上」といったタテの意識のままだと、君はいつまでも劣等感に悩むことになってしまいます。劣等感に悩みたくないのなら、年齢や性別や経験値を取っ払って、「みんな対等なのだ」とヨコの意識にシフトする努力をしてみてはどうでしょうか。

たとえば、ある大学のラグビー部の監督は、強いチームをつくるにはどうすればよいかを腐心した末、先輩後輩の上下をなくし、普通なら1、2年生がやるような雑用を4年生にもやらせるという型破りな作戦を断行したそうです。

その結果、学生たちは「どうすれば自分を乗り越えて強くなれるか」ということに集中し、各自がみるみるモチベーションを上げていった。そしてなんと、全国大学選手権大会史上初の7連覇（今年勝って8連覇）という偉業を達成したのです。

1年生がやるはずの雑用を4年生がやる。それは4年生にとって屈辱だったかもしれません。でも、監督の丁寧な指導によって対等の意味を理解するなかで、次第に自分を強くし、優勝という栄誉を勝ち取った……上下関係を外すことがいかに重要か、この例からもよくわかりますよね？

君のチームも、きっと同じはずです。

人間関係はタテよりヨコで思考する。そうすれば互いを認め合う意識も高まり、チームの力も強くなる。成果を出すには、上下関係へのこだわりは略したほうが賢明なのです。

「選択と集中」に気をつけろ

1990年代以降、ビジネスでは「選択と集中」という戦略が重んじられてきました。「得意分野に集中したほうが収益性が高い。だからそうでない分野は切り捨てたほうがいい」という考え方です。君の働いている会社も、いまだにその傾向が強くはありませんか？

この戦略は、事業そのものだけでなく、人事採用にもあらわれがちです。女性より男性を。50代より働き盛りの30代を。少しでも即戦力になりうる人材を集中的に確保したほうが、より利益につながる。だから戦力にならない人間は雇わない、切って捨てるに限ると考えてしまうのです。

でも、こうした一元的なものの考え方はもはや時代遅れです。女性だからだめ、高齢だからだめ、未経験だからだめと既成概念にとらわれて、会社に都合のよい人材だけ集めたところで、思うような成果はおそらく望めません。

何しろ、今や他企業からの転職も、外国人と席を並べるのも、雇用条件の異なる人が同じ部署に配属になるのも当たり前、ということが日常的に起こっています。少しずつですが、女性や高齢者の採用を積極的に試みて、実績を上げている企業も確実に増えている。

今後はこうした多様な人材を有効に活用する「ダイバーシティ経営」が重要になってくることは言を待つまでもありません。「どうやって使える人材を確保するか」ではなく「目の前の人材のポテンシャルを、自分の腕でどうやって発揮させるか」が勝負になってくるわけです。

「今時の若いヤツは、キツく言うとすぐに辞めてしまう」。君にもそんな悩みがあるかもしれませんが、そこは子育てだと思って「何が不満なの?」「ちょっとがまんしてみたら?」と余裕をもって接してあげましょう。

「親でもないのに、なんで俺が」なんて思わず、辛抱強く向き合って下さい。その試みが、きっと君に、多様性を受け入れるリーダーとしての度量をさずけてくれるはずです。

噂に振り回されるな

同じ部内で不倫の噂があるのですか。「部内で不倫なんて！」と文句を言っている人がいる。一体どう対処すればいいものやら……。なるほど、面倒くさい相談ですね。君がウンザリしてしまう気持ち、よくわかります（笑）。

でも、その手の話は、基本的に「不干渉」でいいと思いますよ。だって、不倫は当人同士の問題であって会社の問題ではない。お互いの家庭を壊したり、会社の業務に支障をきたさないのなら、下手に口出しする必要はありません。

そもそもその不倫の話は、真実かどうか定かではない噂ですよね？ 人は自分が聞いた「衝撃的な話」を誰かに話したくなるもの。おもしろおかしく脚色されて、尾ひれがついて嘘になって膨らんでいくことも少なくない。

だからそういった類いの噂は、真に受けるべきではありません。「そういうこともあるのかな」程度の認識でいいと思います。

それよりもこういう場合、不倫よりむしろ、その噂を君の耳に入れようとした人間に注意する必要があります。自分が見聞きした不確実な話を安易に言いふらしているのだとしたら、しかも噂が事実無根だとしたら、その人はよくない噂を流した加害者ということになる。

そういう人物が同じ部内にいるということは大問題です。**根も葉もない噂がきっかけで信頼関係が崩れれば、チームの結束が弱まり、仕事に支障をきたすとも限らない。その人には、これ以上他人に言いふらさないよう、たしなめたほうがいいかもしれませんね。**

このように、「噂」とは距離を置きつつ、ひとつの情報としてとらえることが大事です。事実無根の噂も、情報と考えればないよりあったほうがいい。そこからわかる真実によって、対応策をとることも可能になるからです。

今後も、似たような噂に悩まされるかもしれませんが、安易に推察したり判断する前に、そこからわかる真実をきちんと把握することに努めて下さい。真実を掴まずして、賢明な決断などできるわけがないですからね。

「管理職なんてしんどいだけ」はウソ

最近は、20~30代の6割が「出世したくない」と考えているらしいですね。

「昇進しても働きに見合った給与がもらえないから」

「プライベートな時間が減るのは避けたいから」

「大きな責任を負う自信がないから」

こんな理由が挙げられていると言いますが、君、これを聞いてどう思いますか。40代もやはり似たような心情がありますか。

私に言わせれば、これらは的外れもいいところです。

だって出世して管理職になれば権限が与えられます。自分で働き方を決めることができます。残業を減らしてプライベートの時間を確保しやすくなります。給与も上がるうえに、働く時間を短くすることも可能になるのです。

実際に私自身、課長になったら会議を半分に減らし、重要でない業務を切り捨てることができました。徹底した効率化によって実績を残しながら、長時間労働をやめて毎日午後6時には退社できる体制をつくることもできました。

これらはすべて、出世して管理職になったからこそできたことです。管理職になったらしんどいどころか、自ら働き方を決められるんですから、こんなにいいことはないと思いませんか？

同じように、社長も「責任重大」「しんどい」などと考えられがちですが、これもとんでもない誤解です。責任重大であるのは確かですが、給与が一番高い、個室があって秘書もいる、思ったように物事を動かせるなど、もう特権だらけ。トップになると、役員さえ知らない特別な待遇やサービスを受けられることも決して少なくはありません。

このように、出世や昇進には大きなメリットがあるのです。今の上司を見て「たいへんそうだ」「こんなふうになりたくない」と思うのかもしれませんが、それはおかしな働き方をしているせいです。本来管理職とは、仕事の権限も広がり給与も高くなる、理想的な立場であるはずなのです。

管理職＝しんどいという思い込みなんて、略してしまえばいいんですよ。

ヒラ社員だって「責任ある立場」である

管理職になれば、権限が与えられて働き方を決められる。でも、そのぶん責任も重くなる。自分にそんな大役が務まるのか。責任を果たせるのか……もしかして、君の頭にはそんな不安があるのではないですか？

それは、責任に対する考え方を少し誤解していると思いますよ。

たとえば、上司から「このレポートをまとめておいてくれ」と仕事を任されたら、期限内に間に合うよう計画的にやろうとか、必要な資料を見やすくまとめようとか、自分なりに頭を使って考えながら、責任をもって成し遂げようと努力しますよね？

このように、会社で生きていく以上、どんな立場であれ責任は伴うもの。管理職だろうとヒラ社員だろうと、この責任の重みにかわりはありません。管理職になると、突然責任が重たくなるものと思われがちですが、実際にはちょっとだけ幅が広がる、という程度の話なのです。

もっとも「責任をとる」というのは、自分の頭で考え行動する、すなわち「主体的に生きる姿勢」がなければ成立しません。

誰かに言われたからやるのではなく、自分の判断で動いて目標を目ざす。そういう主体的に生きる姿勢があれば、人は自ら進んで責任をまっとうしようとします。責任をとることを恐れなくなります。

ですから、「責任を果たせるのか」という心配があるうちは、主体的に取り組もうとする姿勢がまだ足りないということかもしれない。物事に対して主体的に取り組む気持ちを、自分の事として「どうすべきか」という意識を、積極的に養う必要があるかもしれませんね。

主体的に生きるには、自分がどんな人間で何をしたいのかを、ことあるごとに振り返ることが大切です。今後どのように生きていくかの方向性、すなわち人生のミッションを決める作業が、今君に求められているのだと思います。

昇進は「技術点」と「芸術点」で決まる

かわいがっている後輩から、「あなたが課長だったらいいのに」と言われたのですか。それはうれしい褒め言葉ですね。君が時間を割いて、ていねいに指導した努力の賜物だと思いますよ。人から好かれること、慕われることも、会社で生き抜く重要な資質のひとつですからね。

「でも、自分は他の同期に比べて、華々しい仕事の実績が少ないのです。もちろんそれなりの実績は積んできたつもりですし、面倒見や人当たりのよさなど、人柄では評価されているかもしれませんが、やはり上に立つには、人柄より勝負強さや高いスキルが求められますよね？」

いや、必ずしもそうとは限りませんよ。組織における人事評価というのは、企画力や事務処理能力、マネジメント力といった「技術点」だけでなく、「人柄がいい」「知性がある」「清潔感がある」などといった人間的魅力、いわば「芸術点」も考慮されます。

出世するには、一定レベルの技術点が求められるのは確かですけれど、技術点さえ高ければよいというわけでもありません。いくら能力が高くても、利己的だったり品性に欠けていたりすれば、下の人間がついてこない。人柄のよさという芸術点も、出世における重要なファクターになると言えます。

実際、私が現役だった頃を思い出すと、「身のこなしがスマート」「ガツガツしていない」「スポーツマンで好人物」といった、いわば芸術点の高い人が多く、彼らの多くはそれなりの地位を得ていたように思います。

もちろん、上に立つにはスマートさより貪欲さ、穏やかさより気迫が重視されることもあります。芸術点という飛び道具だけでどうにかなるほど、仕事の世界は甘くないのも事実です。

ですから、君の場合、芸術点を強みにしつつ、評価基準の基礎となる技術点を磨くよう心がけるといいかもしれません。技術点をもう少し強化すれば、それが大きな自信となって、上を目指す勇気が生まれると思います。ちなみに、技術点に関しては、私が実践してきた「戦略的仕事術」が役立つはずです。後ほどお伝えしますので、ぜひ参考にしてみて下さい。

技術点と芸術点は、たとえるなら二階建て家屋の基礎となる一階部分（技術点）と、魅力的な見晴らしを叶える二階部分（芸術点）だと言えます。

どちらに重きを置くか、それぞれの個性はあるにしろ、よい家を目ざすなら、両者がある程度バランスよく揃うことが不可欠ですよね？　これと同じように、仕事における評価も、両者の組み合わせによって決まるのです。

わかりましたか？　抜きん出た実績を過剰に追い求めたり、実績だけで自己評価する必要はないのです。人から喜ばれ感謝される、君なりのよさを、働く強みとして大切にして下さい。

スキルより「真摯さ」を重んじよ

人の上に立つ者として、もっとも大切なことは何か……ですか。

そういう質問が出るということは、君、ちょっとやる気が出てきたみたいですね。出世するか否かにかかわらず、上位者の視点と視野を持つことはとても大事なこと。「自分が経営者なら」というダイナミックな視点を持てば、仕事の幅も広がるし、成長も大きく促されますからね。

さて、リーダーにとってもっとも大切なこととは何か。

それは何よりもまず、真摯であること。真摯であるとは、ひと言で言うなら、「正しいことをする」ということ。すなわち「どうあるべきかを正しくつかむこと」こそが、リーダーに求められる一番の能力と言えます。

たとえば、昨今問題になっている企業の粉飾決算や品質偽装。こういう事態を招いてしまうのは、他でもないリーダーに「真摯さ」が欠けているからです。目先の利益を重視するあまり、本来不可欠であるはずの真摯さを見失い、「どうあるべきか」を過ってしまった。その結果、何より大切な企業の信頼性を著しく貶《おとし》めてしまったというわけです。

たいへん残念ですが、こういうリーダーは、どれほど辣腕《らつわん》であろうと、評価されることはありません。本人にしてみれば、「組織や利益のため」と考えてのことかもしれませんが、お客様や取引先に嘘をつく、騙すという行為は、会社を利するどころか多大な損害を与えます。

信頼なくして、利益なし。この大原則をしっかり守り、多少の損失は覚悟してでも真摯さを貫くことが大事です。経営学者であるピーター・ドラッカーの「経営とは、真摯さである」という至言が示すように、真摯さという信念がベースにあってこそ、よい企業として信頼され愛され、安定した経営が可能になるのです。

企業とは、利益を追求する戦闘集団でもあります。この厳しい集団を率いていくには、人心を掌握し、駆け引きを展開し、喧々囂々《けんけんごうごう》の議論に打ち勝つなどのスキルを身につけることも、当然求められるかもしれません。

組織のために自ら睨まれ役を買って出たり、多少の憎まれ口にも動じないタフな精神も必要になってくるかもしれません。

しかし、それらはしょせん、枝葉末節にすぎません。

嘘をつかないこと。謙虚であること。そして人に対して思いやりを持つこと。そうした「真摯さ」をつねに忘れないことが、リーダーにとって一番大事なことなのです。


どうですか？　つねに真摯であること。実行できそうですか？

おや、少しむずかしそうな顔をしていますね。

いえ、いいんです。それでいい。むずかしいと感じるので今は十分です。

だって、利益を追っかけながら真摯であろうとするのは、一見、正反対の行為を同時にやれと言うようなものですからね。この相反するように見える両者が、じつは見事に結びついていると実感できるには、まだまだ時間がかかって当たり前。

これから少しずつ、理解してゆけばいいんです。

第2章

「争い」は略せ、すべて味方と心得よ

「7人の敵」などつくるな

同僚とぶつかってしまったのですか。

自分のミスを言い訳するために、同僚が君に責任転嫁するような話を上司に報告した。おかげで上司の機嫌を損ね、同僚共々よけいな残業をする羽目になってしまった。事を荒立てたくなくて、何も言わずにガマンしたけれど、本当は怒鳴ってケンカでもすればよかったのか、と。なるほど、それはたいへんでしたね。

でも、ガマンしてケンカしなかったのは正解ですよ。君が腹を立てるのは当然だし、怒鳴ってやりたいと思う気持ちもわかるけれど、ぶつかるのは極力避けたほうがいい。「ケンカしてはいけない」というのは、私が長い会社人生で学んだ大きな教訓のひとつですからね。

誰かに不満を持った時、それを相手にぶつければ、その時は確かにスカッとするかもしれません。でも、後味が悪くなるし、まちがいなくその相手とは険悪になります。悪口でも言いふらされて、社内での評判が悪くなったりすれば、仕事がやりにくくなってしまうとも限らない。社内の人間と仲違いしても、よいことなんかひとつもありません。

もっとも、会社内ではケンカっ早くてすぐに声を荒らげる人が「一目おかれている」ように見えるのも事実。「男は外に出れば7人の敵」と思い込んで、自ら進んで敵をつくっている人も少なくないかもしれない。

でも、私に言わせれば、そんなのは愚の骨頂です。**何度も言いますけれど、不要な争いは略すが勝ち。つくるべきは7人の敵じゃなくて7人の味方。平和主義第一で味方を増やし、仕事をやりやすくしたほうがずっとトクではありませんか。**

自分を責めなかった君を、同僚は下に見てバカにしているんじゃないかって？

さて、どうでしょうね。果たして相手が何を考えているか、君、相手を冷静に見て分析してごらんなさい。

少なくとも、君は今回相手を責めなかったことで、味方を一人増やしたんじゃないかと、私は思いますけれどもね。

「自利他利円満」でリターンを勝ち取れ

人間、どうしても自分の利益やトクばかりを追いかけてしまいがちです。保身のために言い訳したり、他人に責任転嫁したりしてしまうのも、「人より自分」という心理がおのずと働くからだと言えます。

君に責任転嫁した同僚も、上司に叱られたくないという気持ちから、とっさに仲間である君の名前を出したのでしょう。君に謝りもせず黙々と一緒に残業をしたというのだから、狡猾《こうかつ》なのではなく、おそらく気の小さい人なのかもしれません。まあダメな人というよりは、よくいるタイプ、といったところでしょうか。

でも、彼のように自らの利を優先して行動してしまうようでは、とても人より抜きん出ることはできません。仕事で成功したいなら、自分よりもまず他人の利益を優先して考える。上司だろうと部下だろうと同僚だろうと、その人の立場に立って、「相手が何を求めているか」を考えてみることが大事です。

世界的ベストセラー『7つの習慣』を著したスティーブン・コヴィーは、成功のカギを握る第5の習慣として、「自分を理解してもらう前に、まず相手を理解するよう努力する習慣が必要だ」と説いています。

「自分より人を優先すれば、相手のほうがトクをするに決まってる。そんなの、きれいごとじゃないか」と思うかもしれませんが、そうじゃない。相手をないがしろにして自分の利を求めるより、相手の利を優先してから自分の利を考えるほうが、実際に大きなリターンが得られるものです。

事実、君は今回、迷惑をかけた同僚を責めない＝相手への理解を優先したことで、大きなリターンを獲得したと思いますよ。そもそも上司だって、その場の状況や君のいつもの仕事ぶりから、君のミスではないとわかっているはず。よけいな諍《いさか》いをせず穏便に収めた君を評価しているのではないでしょうか。

むろん、組織全体の損得に関わるような場合は、事実を率直に伝えることも必要ですが、そうでないなら、ガタガタ騒ぐのは略したほうがいい。「自利他利円満」で穏やかに事を運んだほうが、得られる見返りはずっと大きいはずです。

自分より他者に関心を向けよ

人間関係って面倒くさい。厄介だな……そう思ってしまうのは、もしかしたら君が人間関係を「受け身」で考えているせいかもしれません。

相手が自分に何をしてくれるか、してくれないかといった基準で物事を見ていると、いつまでたっても「面倒くさい」「厄介だ」という思いに悩まされることになります。面倒くさい思いをしたくないなら、データ収集をするようなつもりで、いっそ自ら積極的に、相手に関心を持ってみてはどうでしょうか。

たとえば、私は40代の頃、社内の人物分析のひとつとして、キーマンごとに入社年度、出身大学、経歴などを調べて一覧表にし、すべて暗記していたことがあります。そして何かと理由をつけては、彼らキーマンと言葉を交わす機会をつくり、データをもとに彼らの活躍ぶりを褒めるなどして、少しずつ良好な関係を築くよう努めました。

え？　そうやってゴマをすっていたのかって？　いやいや、とんでもない。彼らのことを調べて話しかけたのは、私が彼らに関心があったからです。だって、彼らがどういう人でどう振り向いてくれるか、そのことが私の仕事の結果に敏感に関わってくるわけですからね。すごく関心をもって当然でしょう？

相手のことを調べて近づくなんていう話を聞くと、「なんだ、ご機嫌取りか」とネガティブに受けとめるかもしれませんが、別に嘘や心にもないことを言っているわけではないのだから、全然悪いことではありませんよね？

ちなみに、私は偉い人だけでなく、彼らの周辺にいる管理職の人、秘書や部のお局様的存在の人にも、関心を持って接し、分け隔てなく話しかけていました。

その結果、みんなに仲よくしてもらえて、役立つ情報をいただくことさえできました。

他者に関心を持つことがいかに有益か、何となく想像がつくでしょう？

みんな、「自分に何をしてくれるか」「自分が何をさせられるのか」って、自分に関心を向け過ぎなんです。自分に対する関心はちょっと略して、他人に関心を向けたほうが、得るものも多いし人間関係も楽になるんじゃないですかね。

「がっつり」つき合うな、「さらり」といけ

人と接する時、関心を持って相手を見る以外に、もうひとつ大事なことがあります。それはできるだけ相手の「いいところ」を見るようにすることです。

最初は「この人とは合わないなあ」と思っていても、よくよく見たら、案外いいところもあると気づくことも決して少なくありません。相手のいいところがひとつでも見つかれば、おのずと苦手意識がなくなり、コミュニケーションをとるのが楽になるはずです。

だから仮に第一印象がよくなくても、相手をしっかり観察して、ホワイトな面を探し出してみてほしいと思います。苦手な相手とは、このホワイトな面だけを見てつき合えばいいのではないでしょうか。

もっとも、苦手な上司などの中には、「どうしてもイヤなところしか見えない」「つき合いたくないなあ」という人もいますよね。とくに上下関係にうるさく、自分中心でないと気が済まないような人とは、本当につき合いにくい。

そういう人とは、「がっつり」つき合おうとしなくてかまいません。「きちんと理解しよう」「何とかして好きになろう」とせず、演技をするようなつもりで「さらり」とつき合うようにすればいいと思います。

ただしこの時、間違っても「イヤイヤ」感を漂わせてはいけません。人は「相手が自分をどう思っているか」ということに関してはたいへん敏感です。「コイツ、苦手だな」という気持ちで接していれば、その気持ちは100%相手に伝わってしまいます。そうなれば、ますますその相手との関係がまずくなって、仕事がうまくいかなくなってしまうとも限らない。

イヤな相手のせいで仕事がイヤになるなんて、こんなバカバカしい話はありませんよね？　そんなことになるくらいなら、本音を少し引っ込めて、さらっと演技してうまくやるほうがずっと賢明です。

「演技するなんて、気が進まない」と言わず、俳優にでもなったつもりで、ひとつやってみたらどうでしょう？　何事も楽しく、前向きに挑戦しているうちに、いつの間にか得意になるということも、案外少なくないものですよ。

周囲すべての人を尊敬せよ

お手本にできるような上司がなかなか見つからない。尊敬できる人がそばにいれば、その人をマネして成長できるのに……ですか。

確かに、そばに仕事のできる先輩や、尊敬に値する上司がいればラッキーかもしれません。でも、心からすごいと尊敬できる完ぺきな上司なんて、実際にはそうそういるものでもないですよ。

物事は「ないもの」ではなく「あるもの」で考えるのが大事。尊敬できる上司がいないと思うなら、同僚や部下の中から、尊敬できるもの、学ぶべき材料を探し出してみればいい。

周囲を見渡せば、学ぶ材料は山ほどあります。何も上司にこだわらなくたって、よいところを学べさえすれば、誰だっていいんですよ。

私も「会社の中で尊敬する人はいましたか?」と聞かれることがありますが、その時はこう答えるようにしています。「みんなが尊敬するモデルです」って。

だって、**人間誰しも必ずそれぞれのいいところがあるわけだから、そこを学べばいいと思いませんか? 何も特定のこの人と決めつけなくても、「先輩のAさんからはここを、後輩のB君からはこれを学ぼう」というように、さまざまな人からさまざまないいところを吸収しようとしたほうが、より多くのことを学べるはずです。**

部下や後輩を尊敬の対象として見ることに、抵抗を感じますか?

そんなふうに考えるのは、とてももったいないことですよ。人間関係はタテよりヨコで見たほうがずっとトク。いいところを学ぶのに上も下もありません。

出世や異動など、直接的な評価に関わる上司のほうに、どうしても意識が向いてしまうのもわかります。でも、君の実績の一端を担うのが部下だと考えれば、彼らのいいところ、尊敬すべき点を探すのもとても大事なことだとわかるでしょう?

本当に賢い人間は上司と同じくらい部下にも関心を注ぐもの。上ばかりでなく下を見る習慣を身につければ、部下からの信頼も評価もぐっと増すはず。部下の尊敬すべき点を探そうと考える上司なんて、あまりいないでしょうからね。

イヤな上司は「人間だからしょうがない」で許す

上司の許可を得て始めたはずの仕事に、いきなり文句をつけられてしまった。何の説明もなく「勝手なことをするな」と怒鳴られてしまった。自分は悪くないのになぜこんな言われ方をされなければならないのか、どうにも納得がいかない……。

うーん、わかります、君の気持ち。そういう上司、結構いますからね。

私にも経験があります。一度やれと言ったことを簡単にくつがえす、何の説明もせずコロコロ変えてしまう朝令暮改な上司。そういう人の下につくと、本当にストレスがたまりますよね。

そういう上司の場合、こう考えるといいですよ。

「しかたない、許してあげよう」

上司と言えど、しょせんは人間。人間だから過ちを犯すのはしょうがない。上司と俺、同じ人間どうしとして、許す心を持ってみるか……立場が上であるはずの上司に、こんなことを考えるのはヘンだと思うかもしれませんが、こう考えてみると、腹立たしい気持ちも少しは解消されませんか？

上司・部下というと、みなどうしても「命令される・従う」という関係でとらえてしまいがちです。でもその考え方を取っ払って、「対人間」という目線で見れば、納得のいかない上司の行動も、わずかながら理解できるのではないでしょうか。

（一度は許可を出したが、やっぱりやらないほうがいいと気づいた。しかし今さらやらないと言ったら自分の立場がない。いちいち説明するのもわずらわしい……）

もしかしたら、上司の頭の中にはそんな気持ちがよぎったのかもしれません。こんな上司、部下からすればたまったものではありませんが、人として見てみれば、こういう心理が働くのも、まあいたしかたないと思えるでしょう？

ただし、君はこういう上司をマネてはいけませんよ。

朝令暮改の他にも、部下の手柄を横取りする上司、自分のミスを部下のせいにする上司など、世間にはさまざまな「許すべき（許しがたい）上司」がいますが、こういう上司は決して幸せにはなれません。

「こういう上司にはならないぞ」という気持ちを、絶対に忘れないで下さい。

「定期的なおうかがい」で衝突を避けよ

上司との関係は、何かと悩みが尽きないものですよね。気に入らないからと言ってケンカするわけにもいかない。黙って耐えてばかりいればストレスがたまってしまう。「上司さえ何とかなれば、仕事は最高に楽しいのに」と思うことも決して少なくないかもしれません。

そこで、上司とうまくつき合うコツを、ひとつアドバイスしましょう。

それは、上司に対して「定期的なおうかがい」を立てるということ。

上司というのは、自ら定期的に報告・相談されるのが大好きです。自ら進んで上司のもとに出向き、「こういうことをやろうと考えています。部長のご意見をお聞かせ下さい」

と積極的におうかがいを立てる部下を高く評価するのです。

たとえば私は課長だった時、つねに部長のスケジュールを確認し、もっとも余裕のある日時を選んで、おうかがいを立てるためのアポイントを入れていました。

目安は2週間に一度、1回につき30分程度ですが、何度か繰り返すうちに、30分が20分に、20分が15分へと短縮され、やがてそれほど時間をとらなくてもツーカーで聞いてもらえるようになりました。

ちなみに、**上司に報告や相談をする時は、A4の紙1枚に用件をまとめ、文書のかたちにして差し出すのがおすすめです。報告事案や相談事案を簡潔な箇条書きにし、ひと目で内容がわかるよう工夫をするのです。**

そもそも上司は忙しいもの。いくらおうかがいを立てられるのが好きでも、わかりにくい報告を口頭で聞かされたり、長時間居座って時間をとられれば、喜ぶどころか機嫌を損ねてしまいます。

ですから、おうかがいを立てるときは①タイミングを見計らって、②定期的に、③手短にわかりやすくすることを、心がけるようにして下さい。

いちいち「あの件はどうなった?」と聞かなくて済む、自分を立てて適切に報告してくれるとなれば、たいていの上司は喜びます。苦手な上司がいるなら、「定期的なおうかがい」で喜ばせてあげるという作戦をとってみてはどうでしょうか。

上司の命令は「注文」である

上司との関係を楽にするコツを、もうひとつお伝えしましょう。

それは上司からの指示を「命令」ではなく、「注文」だと考えてみること。

「これをやれ」「あれをするな」などと命令されたと思うと、「イヤなことを押し付けられた」と感じてしまいますが、「注文が来た」と思えば、イヤかどうかはさておき、「とりあえず受けてみるか」という気になりませんか?

私は上司からの指示を、つねに「注文を聞く」というスタンスで受けとめるようにしてきました。そして指示された内容について、①その仕事がどの程度重要なのか、②締め切りはいつか、③どの程度の品質で仕上げればいいか、ということを具体的に確認するようにしていました。

場合によっては、自分に何が期待されているのか、分担すべき役割は何かといったことも確認し、むずかしい仕事が発生した時は、「これで大丈夫でしょうか？」とその都度方向性を確かめることも忘れないようにしました。

そうやって、与えられた注文を具体的に、細かく処理していけば、むずかしいことやムリなことを上司に納得させることができ、「無理難題を一方的に押し付けられた」という状況をつくらずに済むのではないでしょうか。

「この上司は理解がある」「あの上司は聞く耳を持たないダメ上司」など、私たちは人を何かと「評価」してしまいがちです。でも、こうした「評価」の視点で人を見てしまうのは、他でもない自分に自信がないから。他人を評価することで、自分に「自信」や「価値」を与えようとしているからではないかと思うのです。

「『自分が価値がある』と思えるために他者を評価しない。人は『自分に価値がある』と思えた時だけ勇気が持てる」

アドラーのこの言葉が示すように、上司の善し悪しを評価する前に、まず価値ある自分になる努力をすることが先です。上司に不満を感じた時は、上司に対する評価はいったん略し、注文を処理することに専念してはどうでしょうか。

その試みが、君に揺るぎない「自信」や「価値」をもたらしてくれるはずです。

おべっかより「部下力」を磨け

「上司の注文を聞く」ということの他に、上司から仕事を任された時に注意したいことが、あと2つほどあります。

ひとつめは、「上司の性格をつかむこと」です。

たとえば、仕事の報告をする場合、文書で報告してほしいと思う上司もいれば、口頭で報告してほしいと思う上司もいます。毎日情報をほしがる上司もいれば、一定期間ごとのまとまった情報をほしがる上司もいます。

いったいどちらのタイプなのか、あらかじめ上司の性格を把握し、それに合わせて対応すれば、手間も誤解も少なくて済みます。おおざっぱな上司には「痒いところに手が届く」ような対応を、性格の細かい上司なら時間厳守や整理整頓に気配りしつつ、大局的な視点も提案すれば、君に対する評価はより高まると思います。

２つめは、「上司を驚かせないこと」。

たとえば、仕事をしていて何か面倒なことが起きそうなサインを発見したら、放っておかず必ず事前に知らせるようにします。問題が起きる前なら、何らかの手を打つことでトラブルを防ぐことも可能ですが、いざ起きてしまった後だと、尻拭《ぬぐ》いのために上司が仕事をストップせざるを得ないという事態を招くとも限りません。

自分の失敗につながりそうな悪い報告を、自ら上司に伝えるのは気が重いかもしれませんが、大問題になってから知らせるよりはずっとマシ。事前に知らせてミスを未然に防げれば、むしろ「危機管理力がある」と評価されるかもしれません。

「なんでもっと早く知らせてくれないんだ！」と上司を驚かせるような事態は、くれぐれも避けるよう努めて下さい。

私は、こうした上司とのつき合いのコツを「部下力」と呼んでいますが、この部下力をしっかりと身につければ、上司は君への信頼感を深め、君に対する態度を変えるはずです。

部下力をきちんと実践できるなら、おべっかやゴマスリなど略したってかまいません。表面的に取り入ったところで、評価が高まるわけではないですからね。

無理な注文もまずは「イエス」で返す

上司の中には、どう考えたって無理だろうという内容の仕事を、平気で注文してくる人もいる。引き受けたくてもできない、ハードルの高い要求をする人もいる。

そういう場合は、どう受け答えするのがベストなのか。できないものをできると言ってしまうより、率直に「無理です」「できそうにありません」と言ったほうがいいのではないか……。

いいえ。たとえどんな注文でも、明らかに無理だとわかっても、まずは「わかりました。それではやってみます」と引き受けるべきです。

そして、確かに無理だということを確認したあとで、「いろいろ検討してみましたが、こういう理由で、むずかしいとわかりました」と報告する。タイミングとしては、翌日か翌々日あたりがいいでしょう。

引き受けてからそのくらいの時間をおけば、「そうか、考えた上でそう言うならしかたがない」と理性的に考え、上司も別の指示を与えるはずです。君のほうであらかじめ代案を準備して「これならできますが」と提案すれば、「じゃあ、それでやってくれ」と、よりスムーズに仕事が進むかもしれませんよね。

このように、**上司からの注文に対しては、とりあえず「わかりました」と返す習慣を身につけましょう。明らかに無理とわかると、とっさに「できません」と返事をしてしまいがちですが、その場でいきなり「ノー」を言われると、「なんだ！ 逆らうのか」って、人間、感情的になってしまうものですからね。**

君だって、後輩や部下から「できません」って即答されたら、「何それ。ホントにできないの？ よく考えたの？」って、思ってしまうでしょう？ 誰だって、突然「ノー」と言われるのはイヤだと思うものなんですよ。

ただし、誤解のないように言っておきますが、できないものをできると見栄を張ったり、嘘の報告をしてはいけません。悪い情報ほど、先に出すが勝ち。要は「できません」と言うタイミングをうまく見計らう、ということなのです。

苦手な上司にこそ、愛されなさい

定期的なおうかがいを立てる。上司の注文を聞く。どんな注文にも「わかりました」で返す……これらは、私が現場で会得した実践的スキルですが、つねに思い通りの結果が出る場合ばかりとは限りません。

何しろ、相手は人間ですからね。思惑通りに動いてくれることもあれば、何だかうまくいかないいなあと感じることももちろんあります。

実際、定期的な報告や相談を心がけ、「わかりました」で注文を聞いても、「報告が遅い」と文句を言ったり、どうでもいいようなことまで要求したり、こちらの意見に一切聞く耳持たない、極めて支配的な上司もいました。

仕事のできるキレ者でしたが、粘着質で嫉妬深い。さすがの私もウンザリでしたが、上司である間は彼の機嫌を損ねるわけにはいきません。相手を怒らせたら自分の負け。負けてたまるかって、もう半ば意地になって彼の注文を聞きまくりました。

その結果、その上司はだんだん私を信頼し、認めてくれるようになりましたが、私としては、彼といるのは正直あまりうれしくない。1年半後、その上司が異動になった時は内心ホッとしたのですが、何と3カ月後に私も同じ部署に呼ばれ、ふたたび彼の注文を聞きまくる日々が続くことになってしまいました。

しかも、そのまた1年後に彼が異動になった先に、またしても私が呼ばれるという泣きたくなるような人事異動が……要するに、胸の内をひた隠し、やむなく仕えていた私の行動が、想像以上に彼のお気に召してしまったというわけです。

当時は「まいったな」というのが本音でしたが、彼はその後副社長にまで昇進し、私の出世にも大きな影響を及ぼしました。残念ながら私は彼をとうてい好きにはなれませんでしたが、彼のほうは私をいたく気に入り、人生を変えるほどの高い評価を与えてくれたのです（嘘みたいな話ですが、こういうことが本当にあるんです）。

だから君、苦手な上司だからって、適当に略そうなんて考えちゃダメですよ。苦手な上司にこそ愛される努力。嫌いな人に好かれてしまうくらいの吹っ切れた努力を、一度でいいから試してみてはどうですか。

上司は自分を「3割増」で見ている

君は、上司が部下に何をしてほしいか、考えてみたことがありますか?

言うことを聞いてほしい。指示通りに動いてほしい。実績を出してほしい。尊敬してほしい……なるほど、確かにそういう要求もあるかもしれません。

でも、上司が何より求めるのは、じつは「部下に慕われること」です。

だって想像してみて下さい。もしも君が上司だったら、「指示通り動いて優秀な実績を出すけれど、少しも自分を慕っていない部下」と、「実績はイマイチだけれど、心底自分を慕ってくれる部下」、どちらに目をかけてやりますか?

実績はイマイチでも心底慕ってくれるほうの部下を、何とか育ててやりたいと思うのではないでしょうか。君の上司だって、たぶん同じ気持ちです。

ですから、苦手だろうと得意だろうと、上司には「慕う」気持ちで近づくのが正解。相手の優れているところを上げて、「あの提案、すごいですね。さすがです」「それに比べると、自分はまだまだですよ」といった具合に、相手を慕っているサイン＝褒め言葉を、積極的に投げかけるといいでしょう。

「でも、昨日まで慕っていなかった部下が、突然慕い始めたらわざとらしくありませんか？『なんだコイツ』って、引かれてしまうのではないでしょうか」

大丈夫、そんな心配は無用です。人間というのは、自分を「3割増」で良いほうに見るものです。だから突然自分が慕われても、「さすがは俺」くらいにしか受けとめません。「なんだコイツ」なんて思うどころか、「自分をリスペクトするなんて見所がある」と気をよくするはずです。

このように、**上司は「すごい！」「できる！」など部下からの褒め言葉をたいへん喜ぶもの。「褒めて喜ぶなんて、まるで子どもみたい」と思うかもしれませんが、上司こそ「褒めて育てる」意識が不可欠です。**もしかして君、「慕うのは自分の味方になってくれる上司だけ」なんて考えていませんか？　だとしたら、そんな考え方は略したほうがいい。褒めて慕って喜ばせれば、相手はおのずと自分の味方になってくれますよ。

2段上の上司にアピールせよ

会社では、直属の上司のひとつ上の上司、つまり「2段上の上司」とつき合いを意識するのも大切です。

2段上の上司は直属の上司より権限があるのに加え、ビジネスパーソンとしての力量もより高い場合が少なくありません。つながりをつくっておけば、直属の上司との不和や衝突を略すのに役立つことがあるかもわかりません。

積極的なアプローチをぜひ試みてはどうでしょうか。

2段上の上司に話しかけるなんて、ハードルが高い。いきなり近づいたりしたら、驚かせたり迷惑をかけてしまうのではないかって?

いいえ、あながちそうともかぎりません。前にも話したように、上司は下の者からのアプローチを好みます。「教えてほしいことがあります」「話をお聞かせ下さい」と慕われればとても喜ぶはずです。

ただし、近づく際はいくつか注意すべきことがあります。それは①きちんと挨拶をすること、②貴方から学びたいと敬意をもって接すること、③手短に話を済ませること。これらを守れば、相手はきっと君のことを覚えてくれるでしょう。

では、具体的にどんなタイミングで話しかけるのがベストか。

たとえば私の場合、エレベーターを待っている時を利用して、上司へのアプローチを試みたことがあります。上司がそばに来たら、「お疲れさまです」などと挨拶をして所属や名前を名乗り、「この前のスピーチ、感動しました」「昨日の会議はたいへんだったようですね」など、相手の琴線に触れるフレーズを語りかけます。

こういうアプローチを何度か繰り返すうちに、「3分ほどお時間をいただけますか」とお願いして話を聞いてもらえるようになり、直属の上司に了承してもらえなかった案件を、2段上の上司を動かすことで実現させたこともありました。

このように、2段上の上司へのアプローチは、君の成長を後押しする貴重なチャンスになり得ますが、この時くれぐれも直属の上司への報告を忘れないように。上司の気を悪くさせれば、あとあと気まずい思いをするのは目に見えていますからね。

他人を出し抜くのはやめなさい

上司に気に入られるために、カラオケやゴルフにつき合ったり、休日返上で引っ越しの手伝いをしたりする同僚を見ていると、「自分にはとてもできない」と弱気になってしまう。そもそも自分は、しゃべりもヘタ。おべっかを言いたくてもうまく言えない。上司を喜ばせるなんて、不器用でなかなかできそうにない。これじゃ出世なんて、とてもできないですよね……。

なるほど、確かに君は器用なタイプとは言いがたいですよね。言葉巧みに相手を持ち上げるなんてできない。見え見えのゴマスリなんてやりたくない。そう思ってしまう気持ちもわからなくはありません。

でも、何も持ち上げたりゴマをすったりしなくたって、上司を喜ばせ気に入ってもらう方法はいくらでもあると思いますよ。

私の同僚だった、ある男性の話です。

当時部長だった彼が、全社会議をようやく終えて、夜遅くクタクタになってデスクに戻ると、たったひとりだけ残っていた課長が「お疲れさまです。よろしければ一杯どうですか？」と飲みに誘ってくれた。しかも、その課長は行った先の飲み屋でも、ただ黙って男性（部長）の話に耳を傾けてくれた。他愛ないことかもしれないが、心にぐっと来た……

一見地味なエピソードですが、こういう気遣いが上司の心をつかむこともあるのです。

どうです？　**こうした思いやりの心で上司をねぎらうなら、不器用な君でもできるのではありませんか？　不器用なら不器用なりに、一生懸命考えて、自分らしい「上司の喜ばせ方」を実践すればいいのですよ。**

ちなみに、上司と飲みに行くなら、自分の手柄をアピールしたり、他の上司や同僚の悪口を言うのは御法度です。人を貶めるような発言をしても、しょせんつまらない人間だと思われ、評価を下げてしまうのが関の山。

他人を出し抜こうという考えは、略したほうが身のためです。

#「挨拶を待つ」のはやめなさい

部内に挨拶をしない新人がいる。「おはようございます」「お疲れさまです」くらいきちんと言えといくら言っても、少しも挨拶するようになってくれない。そのせいで「お前の指導がなってないからだ」と自分が上司に叱られてしまった。

彼に挨拶させるには、いったいどんな手を使えばいいのか、と。

なるほど、わかりますよ。若者に限らず、そういう人は案外多いものですよね。

私が社長を務めた東レ経営研究所にも、そういう傾向がありました。こちらが「おはよう」と言っているのに、じっとしたままで挨拶を返してこない。

「人が『おはよう』と言っているのに、なぜ応えないんだ。仕事に対する態度がなってない！」って、少しばかり喝を入れたんですけどね。それでもなかなか挨拶しない人はしない。「なんで？」って考えているうちに、その理由が少しわかりました。

東レ研究所は産業や経済、人材育成に関する調査研究を行う組織で、各自の仕事が基本的に孤立している。「私はエコノミストだから」「人材育成の研究者だから」と考えて、隣の席の人とさえろくに会話しないのが当たり前だったわけです。

でも、たとえ仕事が独立していようと、ひとつの組織、チームで仕事をしているからには、コミュニケーションが不要なわけがない。挨拶するとしないとでは、組織全体の活力が全然違うはずです。

私はそう考えて、自ら進んで社員たちに挨拶をし続けました。と言っても挨拶するのは私にとって普通のことでしたから、挨拶しない社員に挨拶させるためというわけではなかったんですけれどね。結果的に、少しずつみな挨拶するようになってくれましたよ(もっとも時間はかかりましたが)。

だから君も、「挨拶待ち」は略して、自分から進んで挨拶し続けるといいですよ。「やって見せ、言って聞かせて、させてみせ、ほめてやらねば、人は動かじ」と言うでしょう?言って聞かせる前に、やって見せることも上司の務め。

最初は「うるせえな」って顔をされるかもしれませんが、必ずそのうちに彼のほうから挨拶するようになりますよ。

部下は「さん」付けで呼びなさい

ところで君、後輩や部下と話す時、「さん」付けで呼んでいますか？

目下の人間だからって、「鈴木！」と呼び捨てにしたり、「高橋君」と君付けで呼んだりしていませんか？　もしもそうなら、その呼び方はやめて、明日から全員「さん」付けで呼ぶよう改めて下さい。

「『君』もダメなんですか？　君付けも呼び捨ても、決して偉そうにしているわけではなく、部下や後輩に対して親しみをこめているつもりなのですが……」

部下や後輩を「さん」付けで呼ぶのは、彼らにとても大きな影響を与えます。

想像してみて下さい。もしも君が上司から「さん」付けで呼ばれたら、どう感じますか？　自分は上司からリスペクトされている、仕事仲間として対等に扱ってもらえているとモチベーションがアップしませんか？

「○○君、君どう思う？」と言われると、何となく「意見を聞かせろ」と命令されているように感じてしまいますが、「○○さんはどう思いますか？」と聞かれたら、命令されて考えるのではなく、自分の課題として前向きに考え、それなりの答えを出そうとするのではないでしょうか。

「さん」か「君」かなんて、些末なことと思うかもしれませんが、たったこれだけのことが部下のやる気を大きく左右するのです。だから、上司として部下を育てたい、実力を発揮してほしいと思うなら、「部下は呼び捨て」という思い込みは略し、部下を「さん」付けで呼ぶ習慣をぜひ身につけてほしいと思います。

ちなみに、私は上司も基本的に「さん」付けで呼んでいました。上司も部下も対等であるという意識でいたほうが、ある意味上司に対して、自分の存在をアピールできると考えていたからです。

もっとも、会社というのは上下を重んじる軍隊のようなところがあるのも確かです。部下は呼び捨て、君付けが当然という風土もあるかもしれませんが、仕事の効率を一番に考えるなら、「さん」付けで対等を徹底するのがベストだと思いますよ。

部下は「褒めるが8、叱るが2」で伸ばす

部下を叱りにくい……ですか。

叱ると部下が萎縮して仕事がやりにくくなるし、最近は少し大きな声を出しただけで「パワハラだ」と騒ぐ人も少なくない。自分だってできれば叱りたくなんかないが、叱らないとつけあがったり、自分を過信する部下が出てくるとも限らない。

よく「褒めて伸ばせ」と言うけれど、どのくらい褒めて、どのくらい叱ればよいのやら……正直途方に暮れている、と。なるほど、上司なら誰もが悩むことですね。

でも、正直これればかりは正解がない。ひとりひとりの部下と向き合って、自己流でやっ

ていくしかないというのが本音ですが、参考までにお伝えしますと、私は「褒めるが8、叱るが2」くらいを心がけています。

人間は褒められると元気が出て、やる気をみなぎらせるものですからね。

と言っても、私の場合、思いつきや場当たり的に褒めるのではなく、1年くらい前から観察して部下の長所を見出し、部下でいる間に褒めて伸ばして昇進につなげられるようにするという、計画的な「褒め」を実践しました。

その結果、「私の部下になりたい」という人が何人も出てくるようになりました。褒めてくれるだけでなく、昇進というご褒美までついてくるわけですからね（笑）。

でも、誤解のないように言っておきますが、私は怒る時はものすごい剣幕で怒りますよ。実際のところ、私はどちらかと言うと短気。これはダメだということをしようものなら、本気で叱り飛ばします。

もっとも、私が本気で叱るのは部下を成長させたい、失敗を次のプラスに転じてほしいと強く思ってのこと。決して感情的に怒っているわけではありません。部下もそこのところはよく理解してくれていたようです。叱ったせいで辞めてしまったり、仲が悪くなるようなことはほとんどありませんでしたからね。

ちなみに、褒め方叱り方は、みな一律にやるのではなく、相手の性格に応じて変えたほうがいい。部下の個性に合わせたほうが、その人らしさを損なわせることなく、効率のよい成長が期待できると思います。

部下は説教より「問いかけ」で育てよ

最近、上司からの飲み会の誘いを平気で断る部下が増えている。単なる飲み会ならまだしも、打ち上げや忘年会にさえ参加しない部下もいる。

一方、飲み会に参加はするものの、上司や先輩に気を使う様子もなく、下を向いたままスマホをいじり続けているヤツもいる。場の雰囲気が悪くなるのもまずいから、しぶしぶ放置しているが、こういう部下を指導するのも上司の役目なのか……。

君、ずいぶん上司っぽくなってきましたね。君だって、新人の頃は「上司との飲み会は疲れるから気が進まない」とぼやいていたではないですか。

「ふだん聞けないような話を聞けるし、仕事に役立つアドバイスをもらえるかもしれないから、とりあえず参加してみれば」と勧める私に、「上司の武勇伝や自慢話を聞かされるのはこりごり。『最近の若いヤツは』と説教を食らうのもイヤです！」と、ブツブツ文句を言っていたのは、どこの誰だったでしょうかね（笑）。

おそらく、君の部下も、当時の君とまったく同じ気持ちなんですよ。自分にとってのプラスが全然ない。聞き役を強いられるだけで、勉強になることも興味深い話題もほとんどない。だから何となくスマホをいじってしまうのかもしれませんよ。

今度ためしに、飲み会の場で、君から進んで「この前のあの仕事どうだった？」って、素朴に問いかけてごらんなさい。上司や先輩にそう問いかけられて、イヤがる部下なんてほとんどいないと思いますよ。

実際、私はそのスタンスで部下に接して、飲み会を断られた経験はほとんどありません。「話を聞いてくれる上に飲み代も払ってくれる」って、誰もが喜んで参加してくれたものです。

ちなみに、私は複数の部下と飲みに行く時は、飲み代の半分を負担していました。タダというわけにはいかなくても、リーズナブルな割り勘で楽しく飲めるとなれば、むしろ部下のほうから「飲みに行きましょう」となるのではないでしょうか。

飲み会は「そろそろ行きませんか？」って、部下から誘うようになるのが理想的なんです。頭ごなしの説教や指導は、略したほうがいいと思いますよ。

仕事の右腕は「真実を語れる人物」を選べ

部下に接する時は、対等かつ平等を心がけるのが基本ですが、リーダーシップを発揮するには、自分の右腕になってくれそうな人物をしっかり見きわめておくことも大切です。

では、どんな点に注意して右腕を選べばよいか。

それは、本当のことをきちんと言えること、真実を語れるということです。

私は前に「リーダーにとってもっとも大事なのは真摯であることだ」と言いましたが、じつを言うと、このことはリーダーのみならず、リーダーを補佐する人＝フォロワーにとっても不可欠な資質です。

右腕になってもらうのなら、頭の回転が早いとか結果を出せるとか、能力の高い人を選

んだほうがよいはずだと考えてしまいがちですが、それより何より大事なのは、「現場で何が起こっているのかを正しく伝えてくれる」ということ。

いくら能力が高くても、裏表が激しかったり事実を歪めたりなど、性格のひん曲がった人は、右腕としては不適格と言わざるを得ません。

だから、君も機会を見つけて、部下に伝えるようにするといいですよ。

仕事でもっとも大事なのは真摯であること。仕事ができるのできないのといったことより、もっと大事なことがある……ということをね。

そもそも、「仕事ができる、できない」なんて大げさに評価するのは、あまり意味のないことだと私は思います。現場の業務のほとんどは、ちょっと頭を使えば誰でもできる程度のものばかりですからね。

そんなことより、重要なのはひとりひとりのモチベーションを高めること。仕事の結果に差をもたらすのは、能力より熱意なんですから。

その意味で言えば、右腕にしたいと思う優秀な部下にばかり仕事をふるようなことは避けなくてはいけませんよ。そんなことをしたら、他の部下は熱意を喪失してしまい、長期的に見て強いチームをつくることはできなくなります。

優秀な2、3人を集中的に成長させるより、右腕をうまく使いながら全体を底上げするほうが、得られる成果は高くなるものなのです。

「背面の恐怖」で部下を切れ

言うことを聞かない部下が原因で、メンタルをやられてしまった友人がいるのですか。いくら言って聞かせても、我を押し通すばかりで、上司の指示にいっこうに従おうとしない。そんな部下に悩まされている友人の姿を見ると、上のポジションに行こうという気持ちが萎えてしまう……ですか。

厳しいことを言うようですが、その友人は部下に対する対応を誤っていますよ。こういう部下に対しては、異動させるなり外すなり、「切る」という対応を毅然としてとるべきです。言って聞かせているにもかかわらず、上の決定に従わないというのは、組織の一員にあるまじきルール違反ですからね。

ルール違反を犯した人間に、それなりのペナルティが課せられるのは当然のこと。「切るのはかわいそうだ」なんて温情をかける必要はありませんし、部下をうまく使えない自分が悪いと気に病むこともありません。

会社というのは、慈善事業や仲よしグループではない。それぞれが与えられた役割を果たしながら、ある目的に向かって走っていく、いわば戦闘集団でもあります。行く先を見誤らないためには、批判的な意見ももちろん重要ですが、決定された指示や命令には大人しく従うのが、組織の掟《おきて》というものなのです。

ただ、メンタルをやられてしまったというほどなのだから、その部下は相当頑固だったのかもしれないですね。「ガンガン自己主張するのは正しいこと」「存在感を示さないと負けてしまう」と思い込んで、上司に食ってかかったのかもしれない。

でも、上司の指示はたとえどんな内容であろうと、いったんは引き受けるべきもの。主体的に考える姿勢も不可欠ですが、「私には私のやり方がある」と自我を前面に押し出すのは、部下の心得違いというものです。

主体的に考えるとは、自己主張を一方的に押し通すことではなく、物事を謙虚に、客観的に見る姿勢も求められるのです。

私は、部下に対しては家族同様に接し、弱点を補いサポートすべきだと考えてきました。

そのほうが、お互いにストレスが少なくて済むし、チームワークも強化される。組織に対する部下のロイヤリティ（忠誠心）も高まると確信しているからです。

しかし、いくら説得しても応じないなら、心を鬼にし、命令に従わない部下を切って捨てる覚悟も必要です。

「平成の鬼平」の異名をとった弁護士の中坊公平氏は「人を動かすのは、正面の理、側面の情、背面の恐怖である」と言いましたが、この言葉が示すように、リーダーはまず「理」で説得し、時々「情」でサポートし、それでも従わないなら最後の手段として恐怖を辞さない覚悟が求められるのです。

嫌われたくない。いい上司でいたい。だから「恐怖」など使いたくない……と思いますか？　だとしたら、そういう弱気は腹をくくって略しなさい。

君が腹をくくり、覚悟を持って実行するのなら、「背面の恐怖」も部下を守る思いやりになるはずです。

部下を成長させるには「嫌われる勇気」も重要だということを、どうか忘れないで下さい。

第3章

成果を出すには「時間」を略せ

「すぐやる」前に考えよ

最近、「すぐやる」というテーマの本が売れているようですね。

でも、何でもかんでも「すぐやる」のはちょっと考えもの。私も部下に「仕事では最短コースを選べ」「拙速を尊べ」と言ってきましたが、これはあくまでムダを省くという意味であって、「すぐやる」ことを勧めているわけではありません。

もっとも、日々の仕事ではスピードが求められるのも確かです。打ち合わせの日時を調整する。会議の資料を作成する。どれもモタモタしていたら、調整がつかない、締め切りに間に合わないということになってしまう。

そういう意味で言えば、「すぐやる」のは正しいことと言えるかもしれません。

でも、リーダーとして重要な案件を吟味する場合は、「すぐやる」のはよくありません。

組織の成長を決定づけるような大事なテーマでは、スピードを重視するより、間違った方向に走って失敗したりしないよう、じっくりと検討し、熟慮することが不可欠です。

たとえば、私は東レのプラスチック事業部の部長時代、海外の設備投資を任されたことがありました。2年間で12カ所もの製造拠点を新設したのですが、どの国にどんな設備を建設するかについては、これ以上ないくらい真剣に熟慮を重ねました。

ただ、熟慮すると言っても与えられた時間には限りがあります。2年間という決められた時間内にミッションを達成しなければならなかったので、考えに考え抜いて一度決断したあとは、猛スピードで動き出しました。

結果的に、私はこの設備投資によって成果を出すことができましたが、それは「焦らずゆっくり考えること」と「一度決めたらすばやく動く」をバランスよく組み合わせたからだと言えるでしょう。

例えば同じ設備投資と言っても家電メーカーと鉄鋼メーカーでは考え方が違います。家電のような組み立て加工メーカーは比較的簡単に工場ができます。中国で労務費が上がって競争力がないとなったらベトナムに移動できます。しかし鉄鋼のような大型のものは、一度機械を設置したら数十年は移動できません。そういう事業はじっくり考えて立地を考えなくてはなりません。

このように、**仕事によっては「すぐやる」より「ゆっくり考える」ことが求められることもたくさんあります。巷では「スピーディー」「即断即決」などがよしとされるような風潮もありますが、くれぐれも惑わされないように。**

「何でもすぐに」という思い込みは、略して下さい。

「年頭所感」を書いてみなさい

ところで、40代になったら、君にぜひやってみてほしいことがあります。

それは毎年正月休みに「年頭所感」を書くこと。「この1年間にこういう仕事をするぞ」という業務方針を具体的に書き出すのです。

自分がプレイヤーであるうちは、自分が何をすればよいかを考えるだけで済みますが、管理職となるとそうはいかない。自分自身の成績だけでなく、チーム全体をどう伸ばすかということを考えなくてはいけません。

そのためには、やることを頭の中で漠然と考えているだけでなく、達成すべき目標を具体的に掲げ、計画性をもって仕事に臨む必要があります。

自分自身がすべき仕事、部下にやらせる業務、部下を昇進させる段取りなど、さまざまな仕事を実際に書き出し、計画的に進めなければ、結局どれも中途半端なまま終わってしまったということになりかねないでしょう。

年頭所感を書くのは、無計画かつ成り行き任せの意識を略し、効率的に仕事を進めるのにとても役立つというわけです。

では、具体的にどのようにして年頭所感を書けばよいか。

ポイントは、なるべく要点だけを箇条書きで書いてみること。A4サイズ1枚に収まるくらいがちょうどいいでしょう。1年にできることなど限られていますので、あまり欲張り過ぎず、せいぜい7～8項目に絞るのが適切です。

ちなみに私の場合、まず一番上に大きめの文字で「ここの部署にいる間にこれこれをしようと決意した」と骨太の目標を書き、その下に「そのためにやること」「その他にやること」を項目として端的に書き出します。

そして、これらを年末に振り返って、①昨年はここが不十分だったから今年はまずそれをやる、②次にこれが大事だから優先的にやる、③Aさんを昇進させる、Bさんの問題を解決する……などとまとめて翌年の年頭所感として生かします。

年頭所感は、自分の成長を年度ごとに振り返るよいきっかけにもなります。ぜひとも実践して、成長の軌跡を今後の仕事に生かして下さい。

仕事は「3年単位」で考えよ

1年を見据えて、年頭所感を書くことを君に勧めましたが、仕事の展望は「3年」を基本とするのがベストだと私は考えています。同じ部署で3年も働くと、そこから先はそれほど伸び代《しろ》がなくなるからです。

私の場合、なるべくたくさんの部署を見て、経験を積んで、経営する側に立って会社をよくしていきたいと思っていましたので、ひとつの部署には長くて3年と決め、「ここにいる3年間で何をすべきか」と考えるようにしていました。

ひとつの部署に3年と決めて、それなりの成果を残そうとすれば、1年目、2年目、3年目でやることを決めて、計画的に事を進めなければなりません。

たとえば、私は入社20年目で営業に着任して早々、古くて効率の悪いサプライチェーンを変えようと考えました。当時の私の担当する事業のサプライチェーンは多段階で、非常に多くの既得権に縛られていたため、一朝一夕に変えられるものではありません。

そこで、1年目は「新たな流通経路の大まかな枠組みを描き、取引先を回って理解を求める」作業を、2年目には「どういう会社をつくってどんな人材を集め、どのような手続きで進めていくかをつめる」作業を、そして3年目には「1、2年目で立てた計画をもとに期限を決め、実際に会社を設立する」作業を……という3カ年計画を打ち立て、目標であるサプライチェーンの効率化を実現することができました。

このように「3年の中期計画」を立てれば、おのずと「単年度の目標」に落とし込むことが可能になり、目の前の時間を有意義に使うことができます。

むろん、必ずしも3年で達成できるプロジェクトばかりとは限りませんが、「思いつき」や「何となく」で進めるより、3年という期限を設けて目標をブレイクダウンするほうが、限られた時間を有効に使うことができるはずです。

もっとも、異動せずにひとつの部署を極めて、そこでトップに行くという考え方もあります。どちらを選ぶかは君しだいですが、どこに行くにしろ、ダラダラ働くより、期限を決めて目標を目ざしたほうが、自分を成長させられるのは確かです。

仕事はやはり「3年単位」で考えるのがおすすめです。

重要な仕事は全体の「2割」

時間を有効に使うために、一番に気をつけるべきことは何だと思いますか。

それは、ムダな業務を徹底的に洗い出すということ。ムダを洗い出して改善するだけで、仕事の量はかなり減るはずです。

ムダな業務なんて、そんなにあるのかって？

では試しに、自分のチーム内での仕事をリストアップして、重要度を5段階で判定してみて下さい。おそらく、ほとんどは2か3程度で、もっとも重要度が高い5は極めて少ないのではないでしょうか。

私は39歳で課長になりましたが、40代に入ってすぐ妻が病気で入退院を繰り返すようになったため、3人の子どもたちの世話をすべく18時には退社しなければなりませんでした。

そこで、定時で仕事を切り上げるために、会社の仕事を5段階で判定してみようと考えました。

過去1年間の業務週報を調べ、誰がどのような仕事をどの程度実行したのかをもとに、仕事の程度を可視化してみたのです。

その結果、重要度5、すなわち最優先すべき重要な仕事は全体の2割に過ぎないことがわかりました。

つまり、求められている成果を上げるには、この2割を完全にやり遂げればよい。これさえやれば、あとの8割は達成したも同然だという事実に気づいたのです。

ではなぜそんなにムダが多いのか。

その最たる原因は主にふたつあります。

1つ目は仕事に費やす時間を明確にしないまま、無計画に進めていたこと。成り行き任せで仕事をしていたせいで、本来かけるべき時間をはるかに超えてしまっていたことが挙げられます。

2つ目は、業務の目的があいまいなまま進めていたこと。上司の指示が不明瞭だったり、部下が思い込みで進めてしまっていたりなど、やるべきことをきちんと把握しないまま進めていたことが挙げられます。

これを聞いてどう思いますか？　思い当たるフシがありませんか？

限られた時間を有意義に使いたければ、やらなくてもいい作業、やるべき作業をまずしっかりと掴むことから始めましょう。

「残業は当たり前」という意識を略せ

君は、月にどのくらい残業をしますか。

まさか50時間超、１００時間超が当たり前だなんて思っていませんよね？

仕事は限られた時間の中で、いかに効率よく成果を出すかが重要です。成り行きに任せて、ただやみくもに時間をかけるのはプロの仕事とは言えません。

ビジネスパーソンには、得られる成果と費やしたコストを比べながら、ムダな業務がないか、最短コースで仕事を完遂できているかをつねに考える採算意識が求められます。40代はこの採算意識を徹底し、残業や長時間労働が当たり前だという思い込みは、略して考えるようにしてほしいものです。

もっとも、20、30代というのは、時間など気にせず、がむしゃらに仕事をこなす時期でもあります。時間外労働を厭わず、ガンガン働きたいという部下もいるかもしれません。でも、だからといって長時間労働に慣れてしまうと、短時間で結果を出すことができなくなり、結果的に効率の悪い仕事しかできない人間になってしまう可能性も決して否めません。

朝からダラダラと働き、仕事が終わらなければ残業すればいいと考えて働く人と、夕方6時の終業時間に向かってまっしぐらに働く人とでは、後者のほうが成長するのは火を見るより明らかです。

日本では「長時間労働＝努力、忠誠心」ととらえ、遅くまで残業することをよしとする風潮があるのも確かです。やる気アピールや会社への貢献度を示すために、残業したほうがよいと考える部下も少なくはないでしょう。

でも、結局のところどれほど残業しても、実績が伴わなければ高い評価を得られることはありません。会社が求めているのは夜遅くまで働く人間ではなく、仕事で実績が出せる人間なのです。

よって仕事は、脱・長時間労働を基本として考える。このことを、部下にも徹底するようにして下さい。

ゴールを決めて拙速で行け

長時間労働をしないようにするには、「ゴールを決めて拙速で事を運ぶ」ということが重要です。

仕事のゴールを見定めたら、すこしでも早くそこに到達するために、うまく手を抜く＝よけいな作業は略す。このことを部下にも覚えさせてほしいのです。

たとえば、コピーしてわかりやすくまとめればいいような社内資料を、わざわざ自分の文章でまとめようとしたり、見栄えよく仕上げるために手間をかけるのは時間のムダでしかありません。

こうした仕事は上司から特別な指示でもない限り、できるだけ早く済ませるのがベスト。上司の指示を無視して自己判断で雑に手を抜くのはいけませんが、それほど重要でない案件については、拙速をよしとすることを徹底すべきです。

仕事は「重要なこととそうでもないこと」を考えてみる、いわば「事の軽重」を考えて進めることが不可欠なのです。

事実、私もそれほど重要でない案件については、さらっと分析して上司に報告することがありました。そんな私を「手抜きの佐々木」と称した上司がいましたが、私は褒め言葉と受け取るようにしました。「手を抜く技術に優れている」ということですからね（笑）。

また、疑問や不安があれば、積極的に人に相談するということも、拙速で事を運ぶコツのひとつです。

自分で考えてもわからない、自力ではできそうにないと判断したら、ひとりで抱え込まず周囲に知恵を求める。思いきって人を頼ったほうが、最短コースで質の高い仕事ができることもあるということを、部下にもきちんと教えておくといいでしょう。

むろん、はなから何も考えず人に頼りっぱなしではだめですが、他人の力をうまく借りるのも、時間のムダを省くにはたいへん有効ですからね。

拙速でゴールに到達するには、何をどんな順序でやるか、あらかじめ見当をつけることが不可欠です。残業を減らすには「すぐやる前に、何をどうやるか考える」ということも忘れないようにして下さい。

自己流にこだわるな

何もかも自己流でやろうとせず、よいお手本を見つけてマネをするのも、時間のムダを省く効果的な方法です。

君の部下の中に、生真面目に何でも一からやろうとする人はいませんか？　そういう部下には「いい仕事をしようと思ったら、いい仕事をしている人のマネから入るのが基本。そうしたほうがいちいち自分で考える手間が省けて、仕事が捗《はかど》るよ」と教えてあげるようにしましょう。

会社の仕事というのは、特別でも何でもない雑務の塊です。電話する、メールする、書類をつくる、打ち合わせをする……こうした雑務をいかにうまくこなすかが、ビジネスパーソンの優劣を決めると言っても過言ではありません。

雑務をうまくこなすのに、自分のオリジナルにこだわるなんて無意味ですよね？　できる人を見つけて、観察して、その人のやり方をマネさせてもらうので十分。「自分に合わない」「どうもうまくいかない」と感じたら、自分らしくアレンジすればいいだけの話です。

マネするとよいのは、雑務だけとは限りません。ファイリングされた過去の資料の中に、「マネしたいお手本」が隠されているということもたくさんあります。上司から指示された仕事について、活用できそうなフォーマットやレポートがないか探し出して、有効に使わせてもらうといいでしょう。

もちろん、そのまま用いるのではなく、最新のデータにアップデートしたり自分の知恵を付け加えるなど工夫は必要ですが、すべて自力でやるより、ずっと早く仕事を完成できるのではないでしょうか。

会社の仕事の大半は、同じことの繰り返し。自分の知恵もたかがしれています。ならば一から自己流でやるより、先達の知恵を拝借するほうがよほど効率的です。

プアなイノベーションより、優れたイミテーション。優れたイミテーションを重ねることは、時間を節約できるだけでなく、優れたイノベーションをもたらしてくれるのです。

7割略して3割を有意義に使え

時間を有効に使うには、時間＝予算だと考えてみるといいと思います。「時は金なり」ということわざを君も知っていますよね？　つまり、時間もお金と同じくらい貴重なもの、しっかり管理すべきものだと考えなくてはいけない。そういう意味を込めて、私は自分が使える時間を「予算」と考えるようにしてきました。

与えられた時間を予算だと思えば、「足りなくなってしまった」では済まされないと気を引き締めてかかりますよね？　どう配分して使うか、緊張感をもって計画的に使おうと考えるようになるのではないでしょうか。

この「時間予算」をうまく使うコツは、「実際に使えるのは与えられた持ち時間の3割である」と考えることです。

たとえば、重要な企画書を1週間でつくらなければならないとします。その間、会議や出張などに費やされる時間を引くと、残された時間はおよそ10時間あると見積もったとします。

でも、ここで「10時間もあるから大丈夫だ」と考えてはいけません。なぜなら、会社では突然の来客、社内外からの電話対応、上司からの呼び出しなど、予定外の業務によって使える時間のうち7割は消えていってしまうからです。

「7割も！　それは多く見積もり過ぎじゃないか」と感じるかもしれませんが、時間が足りないという現状を鑑みれば、「使える時間は3割」と覚悟しなければならないことが、何となくわかりますよね？

この3割の持ち時間を有効に使うために、私は完成させなくてはならない仕事が控えている場合は、自分のスケジュールに「自分へのアポイント」を入れて時間を確保し、会議室や喫茶店にこもるなりして、仕事に充てるようにしていました。集中して仕事ができるので、短時間でも有意義に使うことができますよ。

大事なのは、「3割しかない」ではなく、「3割をいかに有効に使うか」を考えること。あいまいな10時間をアテにするより、7割を略して確実な3割に集中したほうが、効率のよい仕事ができるはずです。

「時間泥棒」になるな

効率よく仕事するには、自分だけでなく、仕事相手の時間をムダにしないようにすることも大切です。相手の時間を奪わないよう配慮することが、自分の時間を有効に使うことにつながるからです。

たとえば、私が営業課に配属になった時、漁網やテグスを扱う水産資材課では、資材を売るために月に一度、2泊3日で地方出張に出かけていました。

しかし出張レポートを見てみると、2泊3日をかけて訪れるほどの内容ではありません。「こんなことのために行っているのか」と思わざるを得ないようなことしかしていなかったのです。

そこで、私は部下に、月1の出張をやめさせ、そのかわり毎週決めた曜日に電話をかけるよう指示しました。相手の都合のよい曜日と時間を指定してもらい、その時間に定期的に連絡をとり、お互いの要望などを伝え合うというやり方に変えたのです。

すると、頻繁に連絡をとり合うようになったことでコミュニケーションが円滑になっただけでなく、出張に費やしていた経費と時間を大幅に削減することができました（しかも、不要になった営業マンを他部署に回すことさえできたのです）。

このようなやり方に変えたのは、こちらの都合だけでなく、先方に時間を取らせては申し訳ないという配慮からでもあります。むろん、直接顔を合わせて話をしたほうがよい場合もありますが、そうでないなら、費やす時間は最小限に抑えるのがベスト。「直接会って話すのが一番」という思い込みは略したほうがよいのです。

君もふだんの仕事の中で、相手の時間をムダに奪う「時間泥棒」になっていないか、一度あらためて振り返ってみるといいでしょう。

この「時間泥棒」に関しては、ふだんの会話などでも注意すべきです。上司との打ち合わせの時、ダラダラ話して「話が長い！」と叱られたりはしていませんか？

できるだけ短い時間内で話を切り上げるのは、忙しい相手への配慮であり、相手に好印象を与えるための戦略でもあります。「ムダに長い会話は略すべし」を頭に叩き込み、簡潔に話を切り上げる習慣を身につけてほしいと思います。

意見は3分で話しなさい

仕事の報告をしたり、会議で意見を述べたりする時、どうしても話が長くなってしまうなら、話す内容を一度紙に書いてみるといいでしょう。

頭の中ではわかっているつもりでも、いざ言葉に出すと、話がとんだり横道に逸《そ》れて、ダラダラ長くなってしまうことは案外少なくありません。そうならないようにするには、話す内容を書き出し、口頭で話せるようまとめておく必要があるのです。

では、実際にどのようにまとめればいいのか。

ポイントは①意見を論理的に、②できるだけ短い言葉で、③よりわかりやすくするよう具体例を入れる、この3つです。

相手に物事を伝えるには、客観的な理由や根拠を述べながら、「だからこう考えています」と筋道立てて話すのが基本です。意見と根拠がいったん固まったら、それに対する反論を考えながら必要に応じて意見を修正する。これを二、三度繰り返せば、論理的で説得力のある意見ができ上がるはずです。

ただし、いくら論旨が明快でも、ダラダラ長いと頭の中に入りません。よぶんな言葉をできるだけ削ぎ落とし、短くわかりやすい言葉でまとめるようにしましょう。

また、意見が理屈っぽくならないようにするには、具体例を入れるのがおすすめです。適切な例を短く入れて、理解を深められればベストです。

これらを紙に書いてまとめたら、実際に読んで話す練習をしてみます。何度か繰り返せば、端的に話すことができるようになると思います。

私も東レ経営研究所にいた頃、毎週月曜日の朝礼で2人ずつ、1人につき3分のスピーチをやらせていました。最初のうちはなかなか3分で収まらず、5、6分かかっていましたが、3つの要点を注意しながら3カ月も続けると、全員上手に3分で話ができるようになりました。

何事も上達するには反復連打、繰り返すことで習慣にするのが大事です。

君の部署でも、3分スピーチをやってみるといいですよ。話し上手になれば自信もつき、部下の成長も促されるのではないでしょうか。

ボキャブラリーは「メモ」で増やせ

「うまく話ができない」「自分は話し下手だ」と思ってしまうのは、もしかするとボキャブラリーが少ないせいかもしれません。

会話の中で使える言葉やフレーズなどが不足しているせいで、言いたいことがうまく表現できない。そのせいで「何を言いたいのかわからない」「いくら話してもわかってもらえない」となってしまうわけです。

では、ボキャブラリーを増やすにはどうすればいいか。

よく「本を読め」とか「新聞を読め」などと言う人がいますが、私に言わせれば、それだけではボキャブラリーは増やせません。本や新聞を読んで、気になる言葉を見つけ出したら、必ず手帳に書き留める習慣をつけるのです。

たとえば「青天の霹靂《へきれき》」という言葉がハッと目についたとします。よく聞く言葉だし、使ってみたい。でも、これってそもそもどういう意味だっけ？……そう思ったらすぐに意味を調べ、言葉と一緒に書き留めておく。

【青天の霹靂……青く晴れた空に突然激しい雷鳴が起こること。予期しない突発的な事件が起こるという意味】

こう記してみると、たんに頭の中で覚えようとするより確実に頭に入りますし、実際に使ってみようという気持ちになりませんか？

私は会社員の頃からずっと、本や新聞を読んだり、映画や講演を見たりしては、気になる言葉をメモするという習慣を実践してきました。そのおかげで、見たり聞いたりした知識が記憶に定着するだけでなく、説得力のある話し方が身につきました。さらに本を執筆する上でも大いに役立ちました。

長年コツコツと書き留めてきた言葉が、実際に使うことによって自分のものになり、文章の中に生かされていったのです。この言葉の積み重ねがなかったら、これほどたくさんの本は書けなかったと言っても過言ではないくらいです。

君も「話が下手だ」「どうせうまく話せっこない」なんてウジウジ悩むのはさっさと略して、毎日ひとつずつ、言葉を書き留める習慣をつけてみて下さい。ひと月もすればボキャブラリーが増えて、うまく話す自信もついてきますよ。

数字は「３つ」だけ覚えればよい

仕事では、数字に強くなっておくことが大切です。数字に強いと、仕事のスピードが格段に早くなるからです。

たとえば、取引先との打ち合わせなどで、「御社の今年の売上目標はどのくらいですか？」と先方に尋ねた時、「えーと、だいたい昨年より２割増くらいです」と言われるより「昨年は１５００億円でしたが、今年は２割増の１８００億円を目ざします」と具体的な数字で答えてもらったほうが、素早く判断でき、意思決定までの時間が短縮できると思いませんか？

「それなら、売上に関する資料を見ながら答えればよいのではないか」と思うかもしれませんが、いちいち資料を見ながら答えるより、あらかじめ頭の中に叩き込んで暗記しておいたほうが、話はずっとスムーズに進みます。「パッと数字が出てくるなんてすごい」と、取引先からの信頼も高まります。

数字に強くなる、必要な数値やデータを暗記しておくということは、よけいな時間を略し、なおかつ人からの信頼や評価を得られる大切な習慣なのです。

暗記は苦手? たくさんの数字を覚えるのは自信がないですか?

それなら、まず現場で必要と思われる数字を3つだけ覚えてみて下さい。3つだけなら、楽勝で覚えられるでしょう? そもそも人がしっかりと覚えられるのは3つ、そんなにたくさん覚えても、おそらく現場では使えませんしね。

所属している部署の売上や利益の推移、主要品種の価格と原価、マーケットサイズ、競合他社のシェアなど、自分の業務に関する大事な数字を手帳に書き出し、電車での移動時間やちょっとした待ち時間にこまめに読み返すのです。

そういうことなら、スマホで検索すればいいかって?

いや、できれば自分の手で書いて、読み返して、頭に入れるようにして下さい。なぜなら、「書くと覚え、覚えると使い、使えば知識として身につく」からです。

数字をつねに頭に入れ、それがどんな意味を持つのか理解できるようになれば、君の仕事の質は格段に上がるはずです。

メモは手書きのほうが効率的である

君は仕事用のノートや手帳を持っていますか。それとも、記録をとるのはノートや手帳ではなく、パソコンやスマホを使っていますか。

使い勝手がよいなら、もちろんパソコンでもスマホでもかまいませんが、私としては、できれば「手書き」で記録をとることを勧めたい。繰り返しになりますが、自分の手で書くと、内容をしっかりと覚えることができるからです。

私は管理部にいた頃、生産計画を立てて工場に指示する仕事を任されていましたが、20～30もの営業部の事務処理をこなしていたため、しばしば指示し忘れてしまうというミスを起こしていました。

そこで、**ミスをなくすために、その場ですぐ記録をとるよう心がけると、同じミスを繰り返すことがほとんどなくなりました。自分の手で記録すると、内容や数字が頭に入りや**

すくなる。そのことに気づいた私は、事務処理だけでなく、ふだんの仕事でもこの「手書き」の効用を生かそうと考えたのです。

参考までに、私のメモのコツをお伝えしましょう。

1つ目は、何でもまめに記録すること。仕事の予定、内容、注意すること、気づいたこと、失敗したこととその原因、人物や会社の情報の他、本・新聞から得た情報、気に入った映画のセリフ等々、これはと思ったものはどんどん書き留めます。

2つ目は、何でも時系列で書くこと。人の記憶は時系列で刻まれるため、読み返す時に記憶を頼りに探します。テーマごとにいちいち書き分けるより、時系列で書いたほうが思い出しやすく便利なのです。

3つ目は、書いたものは必ず読み返すこと。何度も読み返すと、内容が身につくだけでなく、疑問や矛盾点を発見することができます。思い込みや誤りを正すのに、メモを繰り返し読むことが役立つわけです。

ITのほうがデータ管理をするには便利かもしれませんが、覚えて使うには手書きのほうが記憶する時間をより略せるはずです。保管のためのデータではなく、覚えて使うためのツールとして、手書きメモを有効活用してほしいと思います。

自分で考えるより部下に学べ

「物事はタテよりヨコで見るべきだ」という話を前にしましたが、このことは人間関係を円滑にするだけでなく、よけいな時間を省くのにも役立ちます。

たとえば、私はかつて、繊維事業からプラスチック事業の担当に異動になった時、専門用語がガラリと変わってしまったために、事業内容そのものに関してはチンプンカンプンになってしまったことがあります。

その分野に関する知識がないと、当然のことながら戸惑うこともたくさんありましたが、担当が変わるたびに知識を詰め込んでいたら、いくら時間があっても足りません。そこで私は、専門知識を覚えることを思いきって略し、マネジメントに注力しようと決めました。

「専門的な知識については、素人である自分が必ずしも考える必要はない。上下関係や年齢にこだわらず、部下の知恵や経験をもらえばいい。自分は管理職として方向性を考える

ことを優先しよう」そう思ったのです。

その後も、私は異動になるたび同じ方針をとってきましたが、それによって問題が起きたことなどほとんどありません。むしろ上下を取り払い部下からも教えてもらったおかげで、最短コースで成果を出すことができたと考えています。

経営不振に陥っていた日産自動車を再建したカルロス・ゴーン氏は、「我々が日産に行ってやることは、邪魔をしないこと。日産の社員をいかに働かせるかである」と言って、日産の若手・中堅幹部を中心とした組織を発足し、彼ら自身に再建計画を立てさせたと言います。

自分は日産の工場や技術などについての知識をほとんど知らない。でもそれは社員が熟知していればよい。自分のすべきことは社員に考えさせ、提案させ、その中から最適解を選ぶこと……こうしたゴーン氏のやり方によって、日産がわずか1年で赤字から黒字に転換したことを考えれば、専門知識を略すことがいかに効率的か、君にも想像がつくのではないでしょうか。

限られた時間を有効に使うには、自分で考えるより部下に学んだほうが、効率的な場合も少なくはないのです。

「餅は餅屋」と心得よ

上司の中には、部下に仕事を任せ切れない人もいます。いったん部下にやらせておきながら、最終的にあれやこれやと文句をつけて、すべてひっくり返してしまう。

自分が思うような仕上がりでないと、気が済まないのかもしれませんが、こういうのは基本的に上司のミスと考えるべきです。想定していたものと違うということは、上司の指示の与え方がまずかったということですからね。

人によっては、取るに足らないことにまで口をはさみたがる人もいますが、そんなことをしていても部下は育たないし、時間をムダにするだけ。君はそういう上司にならないよう、くれぐれも注意して下さい。

こうした時間のムダは、部下だけでなく、外部業者に仕事を発注する時も一緒です。

以前、私が東レの取締役を務めていた時の話です。会長が自社のテレビＣＭを役員会で流して見せ、「これについて意見を言え」と役員ひとりひとりに意見を求めるということがありました。

みな「字が小さいですね」とか「風景があっていませんね」などとこたえていましたが、私は迷わずこう言いました。「わかりません。そういうものを見て消費者がどう感じるかは、その道のプロが決めたらいいんです」って。

「なんだ、その言い草は！　君に役員の資格はない！」って怒られてしまいましたが、私はいまだに自分の考えが間違っていたとは思いません。

何しろ、そこにいた役員はみな生産や総務をやってきた人たちで、テレビＣＭについてはまったくの素人。ろくにテレビも見ないような人たちに、ＣＭのことがわかるわけがありません。

素人の意見を反映させるなんて、そんなことはしないほうがいいんです。「餅は餅屋」と考えて、その道のプロに任せたほうがずっと効率的。ムダに細かくチェックするというクセは略したほうがいいでしょう。

リーダーは、チームをどう動かすかということに時間を使うべきなのです。各論にいちいち首を突っ込むのは、上手な時間の使い方とは言えません。

長い会議は異常である

管理職になると、会議の数が増えます。自分の部署の会議をはじめ、関係各所との連絡会や上への報告など、さまざまな会議への出席を求められ、身も心もくたびれ果ててしまうことがあるかもしれません。

私も東レの経営企画室にいた頃、経営会議やら常務会やら、多くの会議に出席させられましたが、回数が多いだけでなく、会議時間がものすごく長い。午後1時半からスタートして、終電間際や深夜まで会議が続くことさえありました。

当時のトップは「議論すればするほどいい」という考え方の持ち主で、何時間にも及ぶ会議を平気でやり続けていたのです。

でも、こんな長時間会議をするのは、はっきり言って異常です。

たしかに1時間より2時間議論したほうが、問題点や解決策を見出しやすくなるかもしれませんが、時間を倍にしたからと言って、倍の効果が得られるわけではありません。倍の効果が得られないのに、時間だけ長くとっても、気力体力がムダに消耗されて結局ロスが増えるだけ。決して効率がよいとは言えません。

会議なんて不要だとまでは言いませんが、効率の悪い長い会議や、意味のない会議はできるだけ略すのがいいに決まっています。

私の場合、自分の主宰する会議では、会議担当者に簡潔にまとめた資料を事前に配布することを義務づけ、さらに出席者全員にその資料を読んでから会議に臨むことを徹底しました。その結果、議題に関する説明の手間が省け、会議冒頭から議論に入ることができ、結論が出るまでの時間を大幅に短縮することができました。

ちなみに、私は重要度が低いと判断した会議は、理由をつけて極力出席しないようにし、立場上どうしても逃げられない会議では、早めに会議室に入って目立たない席を確保して、こっそり別の資料を読むことに充てていました。

むろん、このやり方を君に強制するつもりはありませんが、「どうすれば会議に縛られずに済むか」に知恵を絞るのは、必要不可欠なことだと思います。

「5秒」の余裕を持て

君が進めているプロジェクトで上司とぶつかってしまったのですか。

冷静で穏やかな君にしては、珍しいですね。

上司とぶつかるのは避けなくてはいけないと言いましたが、事情によっては、ついカッとなってしまうこともあると思います。人間ですからね、つねに感情を出さず泰然としているのも、なかなかむずかしいかもしれません。

私もどちらかと言えば短気でせっかちな人間で、ムッとするとすぐ顔や態度にあらわれてしまうところがありました。だから若い頃は、上司とぶつかることも少なくありませんでしたよ。

でも、他人とぶつかると、イヤな気持ちになるだけでなく、関係を修復するのに時間がかかります。仕事に支障がでるわ時間は食うわで、いいことなどひとつもない。そのことを身にしみて理解した私は、自分の短気な性格をグッと抑えるためにある工夫をしました。

それは、相手に何か言われてムッとしたら、5秒間待つということ。

わずか5秒ですが、こういう間をおくと、自分の気持ちに余裕を与えることができます。「なぜ相手がそんなことを言うのか」「自分のどこが悪かったのか」と、その状況を客観的に見る糸口にもなります。

今の私は、感情をグッと止められる抑制力があると自負していますが、それは生来のものではなく、「5秒間待つ」という習慣によって養われたものなのです。

もっとも、グッとがまんしても、相手に言うべきことは言わなければいけないし、反論すべきことは反論しなければいけません。でも、5秒程度の間をおいてから言えば、感情的な勢いが削がれ、言葉がいくぶん和らぎます。そうすれば、激しく言い争って関係を壊すという失敗も犯さずにすむでしょう。

君もぜひ、5秒の間を習慣にして、上司とのよけいな衝突は避けるようにして下さい。たった5秒で、わずらわしいいざこざが略せるのですから、「まあ、やってみるか」という気になるでしょう?

生産性の低い飲み会は略せ

40代になったら、酒のつき合いはどの程度にすればよいか。
私の場合、40代になったら、参加する飲み会を選ぶようにしました。
酒量を控えるため、というのもありましたが、酒を飲みながらの会話はグチや悪口が多くなりやすく、酒の席での議論は生産性が低いと気づいたからです。

私も基本的に人と飲みに行くのは好きなほうで、20、30代の頃は同僚と酒を飲んでは上司のグチを言って、クダを巻くこともありました（笑）。そうやってお酒を飲むことで、ストレス解消していたわけです。

もっとも私は病弱な妻や障がいのある子どもがいたため、残業もせずに家に帰っていた時期が長く、飲みに誘われても断るほうが多かったのですが、それだからこそ、たまに参加する飲み会は有効に使うようにしていました。

同じ部署の仲間との親交を深めたり、部下からの意見や不満、悩みごとの相談を受けたり、上司と飲みに行く時は部下としての自分を積極的にアピールする絶好の機会と考えていたのです。

でも、酒の席というのは、人によってちょうどよい頻度というものがあります。毎度毎度出席したからいいわけでも、たまにしか出ないから悪いわけでもありません。**40代にもなって、クダを巻くような飲み方をするのはみっともないですし、会社のグチで盛り上がるのも建設的じゃありませんから、まあ3回に1度くらいにしておくのがちょうどいいのではないでしょうか。**

ただし、誘われたら決して断ってはいけない飲み会もあります。

クライアントの接待、役員同士の内密の話、業界のキーマンとの会食、銀行とのつき合い……こうした人々との酒の席は、仕事を有利に進めるビジネス戦略のひとつ。相手の人柄を見きわめたり、親睦を深めるための重要な機会ですから、万難を排して参加するようにして下さい。

新聞は読むな、眺めよ

君は毎日、新聞を熱心に読み込んでいるそうですね。

心がけとしてはいいことだと思いますが、新聞をすみずみまで読んでいたら、ものすごく時間がかかるのではありませんか？

新聞に収録されている情報は、一冊の本よりもずっと多いもの。毎日発行される新聞に、そんなに時間を費やすのは、はっきり言ってもったいない。新聞は読むのではなく、「眺めるもの」だと考えたほうがいいでしょう。

「え！　眺めるだけ？　その程度でいいのですか？」

はい。眺めるだけで十分です。だって、そんなにたくさん読んでも頭の中に残らないでしょう？　たくさん読んで何も残らないより、関心のある記事だけを選んで読んで、しっかり頭に入れたほうがずっと有意義です。新聞を効率的に使うには、読む量をうまく略すことがポイントなんです。

ただし、**新聞の見出しだけは、一通りすべて目を通すようにして下さい。見出しを見れば、本文を読まなくても世界で何が起きているか一目でわかります。見出しの大きさによって、ニュースの軽重もわかりますす（新聞によって軽重は異なりますが）。**見出しを眺めることによって、世界の状況をざっくりと掴む。それが新聞の持つ大切な役割なのです。

もっとも、見出しを眺めていると、仕事に関連する記事やおもしろそうと思う記事をいくつか見つけるはずです。それらの記事にはしっかりと目を通し、仕事に役立てるようにして下さい。

最近では、紙ではなくパソコンやスマホなどＩＴを使って情報を読む人も増えているようですが、個人的には紙のほうがおすすめです。紙のほうがさまざまな情報を俯瞰的に見渡すことができますし、見出しの大小などによってニュースの重要度を把握できるからです。

たくさんの情報をさっと短時間で掴むには、やはり紙の新聞が一番だと思います。

情報は「何を略すか」を考える

限られた時間を有効に使うには、思いきってネットを見ないようにするのもいいと思いますよ。スマホに届く情報をシャットアウト、略してしまうんです。

おや？　ちょっと解せないという顔ですね。スマホはビジネスに欠かせない重要な情報ツール。これがなければ仕事はできない。ネット情報を略すなんてとんでもない……もしかして、そう思っていますか？

でも、よく考えてみて下さい。スマホは便利である反面、玉石混淆《こんこう》の膨大な情報をのべつまくなしに垂れ流すやっかいな代物でもあります。

必要以上の情報を受け取ってしまうために、多くの時間をついムダにしてしまう……そういう経験が、君にもありませんか？　スマホというのは、ビジネスをする上で、有用どころか邪魔になりかねない側面もあるのです。

私の知人で、スマホどころかガラケーさえ持っていないという経営者がいます。ビジネスで大成功を収めた人なのに、なぜスマホもガラケーも持たないのか。不思議に思って尋ねてみたところ、こんな答えが返ってきました。

「持っていないほうがよけいな情報が入って来なくていいのです。世の中ではスマホとにらめっこしている人がたくさんいますが、そんなムダなことをしているから仕事がうまくいかないのではないでしょうか」

確かに。言われてみればもっともだという気になりませんか？

私は、情報管理のコツは、「しない」を決めることにあると考えています。

たとえば「よけいな会議に出ない」「よけいな人に会わない」「よけいな書類は読まない」。このように、「しない」を決めれば不要な情報が遮断され、貴重な時間を奪われるのを防ぐことができます。

ビジネスにおける情報収集は、たくさん集めたからよいとは限りません。とりわけネットから流されるような膨大な情報は、あれもこれもと欲張ったところで、時間をとられるのが関の山です。

情報は収集するよりいかに「切る」かが重要なのです。

「英語」に振り回されるな

英会話を習おうと思っているのですか？　英会話ができれば仕事の幅も広がる。最近は社内での公用語を英語にする企業も出ている。身につけておいてソンはないのではないか……と。なるほど、たしかにその通りかもしれませんね。

でも、ひとつだけ言わせてもらえば、英語を公用語にするのは、かなり効率の悪いことだと思いますよ。

だって、同じ日本語でさえなかなか話が通じないことがあるのに、英語で会話なんてしようものなら、よけい意思の疎通がはかれなくなってしまうでしょう？

外国籍の社員と話すために、英語の習得を薦めるのならわかりますが、日本人どうしで話すのにわざわざ英語を話す必要なんかありません。グローバル化社会を生き残る企業戦略のひとつなのでしょうけれど、英語力を養うのと、社内での会話を英語にするのとは、別々に分けて考えるべきではないでしょうか。

そもそも海外で重要な商談をする時は、プロである通訳を介するのが常識です。たとえどれほど英語が堪能な人でも、デリケートなビジネスの話では、必ず通訳を介して日本語で話すものです。ふだん使い慣れない英語を使えば、思わぬところで誤解を招き、失敗してしまう恐れもあるからです。

むろん、日常会話くらいできれば便利で楽しいでしょうし、海外の情報に触れる習慣をつけるのはとても大事なことです。英語力を高めるために、海外のニュースを積極的に見聞きしたり、外国映画を進んで見るのもいいと思います。

海外留学や駐在経験があったほうが、アドバンテージが高いんじゃないかって？

いいえ、海外経験のあるなしと、仕事のできるできないは、はっきり言ってあまり関係ないと思いますよ。世界の状況を肌で知っていることも大切ですが、それ以上に求められるのは、今現在の仕事に英語をどれほど生かせるかということですからね。

言うまでもないことですが、仕事で必要なのは英語力より、日本語を正しく使いこなせ

るようにし、ムダに振り回されないよう、
る力です。昨今は何かと英語にこだわる風潮がありますが、
盲目的な「英語信仰」は略すべきではないでしょうか。

第4章

仕事を略して家族との時間を増やせ

「家庭」「仕事」は、二者択一ではない

奥さんがフルタイムで働き始めたのですか？

お子さんも中学生になったし、塾や高校進学に備えて本格的に働きたい、と。なるほど、それは結構なことじゃないですか。フルタイムで働けば、収入も増えるし奥さんのやりがいも増えます。もっとも、君の家事負担も増えると思いますけれどね。

え？　家事負担が大幅に増えてしんどい？　フルタイムでがんばってくれるのはありがたいが、家事の手抜きがひどすぎるし、家の中もピリピリして雰囲気が悪いし、奥さんにはやっぱり、仕事より家庭を優先する働き方をしてほしいって？

君、案外古風ですね。家のことがなおざりになってイライラするのもわかりますが、フルタイムになったばかりで奥さんもたいへんなのでしょう。落ち着くまでしばらくがまんして、様子を見守ってみてはどうでしょうかね。

それに、働く気になっている奥さんに「仕事か家庭か優先順位をつけろ」というのは、少々酷ではありませんか。仕事と家庭とをうまく両立できるような働き方を、夫婦2人で真剣に話し合ってはどうでしょう。

君としては「家庭より仕事が優先」という思いがあるのかもしれませんが、仕事と家庭はどちらも大事。二者択一で考えるものではないと思いますよ。

私は26歳の時に結婚して28歳で長男が生まれましたが、当時は毎晩のように遅くまで残業して、家のことは妻に任せきりでした。「妻にさみしい思いをさせているかな」と思うこともありましたが、とにかく仕事が大好きでしたし、「家族のためにも今は一生懸命仕事に打ち込むべきだ」と考えたのです。

でも、妻が肝臓病を患ってからは、家庭第一に切り替えました。病弱な妻に、幼い子どもの世話や家事を負担させるわけにはいきませんからね。家族を最優先にしながら、与えられた仕事をこなすにはどうすればよいか。そのことに猛然と知恵を絞ったことが、結果的に私自身を大きく成長させてくれたと思っています。

もちろん、たやすいことではありませんでしたが、どちらもあきらめないという思いがあったからこそ、私は必死で努力できたような気がするのです。

家族は「チーム」と考えよ

病弱な奥さんを抱えながら、子育てもする。仕事もする。

それって、すごくたいへんなことですよね？　家族なんてわずらわしい。いっそ家族なんていないほうがよかったのに……と思うことはなかったのですか？


そう思うことは、ただの1度もありませんでしたよ。本当に。

そりゃ、私も人間ですから、弱音を吐きそうになったことは何度もあります。

妻は肝臓病だけでなくうつ病も患っていたので、症状が重い時は「話を聞いてほしい」と職場にしょっちゅう電話をかけてくることもありました。時間がある時はいいのですが、忙しい時は相手をしているわけにもいかない。それなのに、妻は泣きながら訴えてくる。

内心「勘弁してほしい」と思うこともありました。会社からの帰り道に缶ビールをあおりながら、「こんな生活、もうやってられないな」って、ヤケクソになったりしてね（笑）。

でも、妻がそうなってしまったのは病気のせい。妻が悪いわけじゃない。妻はもともと料理上手で、家事育児に精を出す主婦の鑑《かがみ》みたいな女性だったんです。それが病気のせいでできなくなってしまった。私は妻の病気でたいへんな思いをしたかもしれませんが、妻はそれ以上につらい思いをしていたはずです。

そういう状況で、誰が悪いの、自分は悪くないの、家族はわずらわしいのと嘆いてみても、何も始まらないでしょう？

どんな状況下であろうと、自分ができる範囲で精いっぱいのことをする。お互いの弱点をカバーし合いながら協力し合ってやっていかなければいけない。そういう意味で言えば、家族も仕事と同じように、チームであると考えるべきなんです。

君も知っているように、会社では複数の人間がチームを組んで仕事をしますよね？　仲間同士で協力し合って信頼関係を築くのは、仕事をする上では誰もが当たり前のようにやろうとしますよね？

ところが、同じことを家庭でもやろうと考える人はそうそういない。「男は仕事、女は家事と子育て」などと決めつけたり、互いの分担を果たせないとルール違反だと責めて助け合おうとしない。

こんなことを仕事でやったら、信頼関係はズタズタ。チームの力はガタ落ち。成果も成功もあったもんじゃありません。家族もこれと同じで、お互いの弱点を責め合うのではなく、協力し信頼を築き合おうとする努力が大事なのです。

もっとも、私もこのことを理解するには時間がかかりました。最初はなかなか妻の気持ちに寄り添えなかったし、つらくて投げ出したくなることがなかったと言えば嘘になる。きれいごとだけを言うつもりは毛頭ありません。

でも、どれほどたいへんな思いをしようと、家族がいたおかげで精いっぱい努力し、自分が強くなれたという事実に偽りはありません。わずらわしさが増えるのも確かですが、家族がいるということは、自らの成長を促し自分自身を幸福にする貴重なエンジンになるのです。

結婚すると自由がなくなる、子どもができたら家庭に束縛されるとネガティブなことを言う人もいますが、私は結婚して家庭を持つことは、生きる上で大きなメリットになると確信しています。

料理や洗濯など身の回りのことを分担できる。子どもができれば「がんばろう！」という気持ちも高まる。病気になれば助け合える。自分自身に万が一のことが起きた時、協力し信頼し合える家族がいると思えば、これほど心強いことはないじゃありませんか。

家族という支えを生かせるか否かは、君しだいなんですよ。

「家族が帰宅を喜ぶ」を目標にせよ

「職場の先輩の中には、早く家に帰りたがらない人もいます。『早く家に帰ると嫁さんの機嫌が悪くなる』と言って、残業したり飲みに行ったり。家族の現実なんて、しょせんそんなものという気もしてしまうのですが……」

確かにそういう人も多いようですね。

実際、私もある会社でワークライフバランスについて講演をした時、こんな意見を述べた人がいました。

「定時で仕事を切り上げて帰るより、8時、9時まで残業して帰るのでちょうどいいのです。だって、早く帰ってもやることはないし、早く帰ると『なんでこんなに早く帰ってくるの？』と妻から言われてしまう」

正直、これにはあっけにとられてしまいました。こんな発言が出るようでは、「ワークライフバランスを見直そう。定時に帰宅してプライベートを充実させよう」といくら言っても意味がない。残業を減らして定時に帰る仕組みをつくっても、みんなきっと家に帰らず飲みに行ってしまう。

これでは、プライベートを充実させて生きる力を高めるどころか、働く気力が削がれて、仕事の効率が悪くなるばかりですよね。

こういう人たちに私が一番言いたいのは、なぜ「どうして早く帰ってきたの?」と言われてしまったのか、その理由を考えてみてほしいということなんです。そこには、必ず家族に歓迎されない理由がある。それを突き止めて解消すれば、家族関係が良好になり、プライベートも充実する。

プライベートが充実すれば、少しでも早く家に帰るために、効率的に仕事を片付けようと考えるようになり、仕事のスキルも生産性もおのずとアップするはずです。

つまり、**「家族が帰宅を喜ぶ」働き方をするとは、仕事より家庭を優先しろという意味ではなく、仕事のスキルを高めることによって、自分自身をより成長させられる働き方を**

するということでもあるのです。

私の場合、妻が病弱だったため、半ば強制的にワークライフバランスをやらざるを得なかったわけですが、むしろこれのおかげで、子どもと過ごす時間ができ、子どもの成長を楽しむという恩恵に浴せたと思っています。

妻が入院していた3年間、3人の子どもたちは毎夕最寄り駅で、私の帰りを出迎えてくれました。到着した私は、子どもたちとかわるがわる手をつなぎながら、「今日はどんなことがあったの？」「お友だちはできたの？」なんてよくおしゃべりをしたものですが、このささやかな会話が、私にどれほど力を与えてくれたか。

このように、本来家族との触れ合いは、一日の疲れなど吹っ飛んでしまうくらい、たくさんのエネルギーをもたらしてくれるものだと思うのです。

家族のために働いているのに、「もう帰ってきたの？」と言われるのは心外だという気持ちはわからないではありません。そんなことを平気で言う連れ合いにも、非がないわけではないでしょう。

でも、原因の半分が本人にあるのも確かです。その原因を探って行動を改めれば、家庭の居心地は案外簡単に変わるのではないでしょうか。

そもそも、奥さんに歓迎されないから残業するなんていう気持ちで働いたって、ろくな成果は上げられません。仲間と飲みに行くと言ったって、楽しいお酒になるはずがない。体力とお金をムダに使うだけです。

よりよく働くためにも、40代になったら、家庭と仕事のバランスを見つめ直すべきなのです。

日本人は家族に対して理解不足である

40代は、働き方だけでなく、家族とのつき合い方も真剣に見直すべき時期だと私は思っていますが、日本の社会は依然として「家族より仕事が優先」という圧力が高いままかもしれません。

「家族と協力し、信頼関係を築く努力を」なんて言われても、「毎日仕事で努力しているのに、家に帰ってまで努力を強いられるなんて」と戸惑いを感じる人もいるかもしれませんね。

でも、これから先の人生を、ちょっと想像してみて下さい。

このご時世、どんな会社にいようと、ずっと安泰でいられる保障はありません。まだまだ高齢者にはほど遠いとはいえ、40代も半ばを過ぎれば、気力体力も確実に衰えていきます。仕事一辺倒で生きていればよかった30代とはわけが違うということを、否応なしに痛感させられることも増えてくるはずです。

そうなった時、頼れるものは何かと言えば、やはり家族ということになるのではないでしょうか。

にもかかわらず、**多くの40代は、こういうことを真剣に考えません。自分はまだまだできる、仕事さえしていれば大丈夫だと過信して、家族と向き合うことを後回しにしてしまう。しかしその結果、どういうことが起きるか。50代、60代になって仕事の第一線から外れ、やりがいを見失った挙げ句、家族にも相手にされないという惨めな状態に陥ってしまうのです。**

私が「40代になったら家族とのつき合いを見直しなさい」と言うのは、10年後、20年後の人生を考えて、今から備えておくべきだということなのです。

「がんばって稼いで家族を養っても、感謝さえされないのか」と思いますか？

そう思う気持ちもわからなくはありませんが、お金と感謝は別の話。心のこもった感謝を、お金で買うことなんてできません。

世の中には「自分は家族のATMでしかない」と嘆く男性もいるようですが、それは、感謝ではなくお金でしかつながれない関係を、自らつくってしまったということに他なりません。そんな関係のままでいたら、いざ働けなくなったとたん相手にもされないとなるのも、いたしかたないと言わざるを得ないのではないでしょうか。

歳をとっても、たくさんのお金がある人はいいかもしれません。でも、たいていの人は、高齢になるほど収入が減ります。そうすれば、お金で養っていた時の関係は間違いなく破綻します。「養ってやってきたのに」と言ってみたところで、破綻した関係が戻ることはほぼありません。「お金を稼がなくなった人といても価値はない。気苦労するだけならいっそ別れてしまおうか」と思われるのが関の山です。

家族とこんな悲惨な関係にならないためには、あらかじめ前もって、お金ではない心のつながりをつくる努力が必要不可欠なのです。

日本人は、こうした家族に対する理解が不足しているのかもしれません。

家族とは、いて当然、感謝されて当然という存在ではない、努力しなければいともたやすくバラバラになってしまう、家族とは思っている以上に繊細なものであるということを、今一度考えてみてほしいと思います。

「愛されるおじいちゃん・おばあちゃん」を目ざす

「財力があれば、歳をとってもお金で家族をつなぎ止められるかもしれない」

私はそう言いましたが、それは人として、幸せなことだと思いますか？

日本を代表するトップクラスの経営者の中には、仕事のために家族を犠牲にしてきたことを、誇らしげに語る人がいます。

「自分はずっと会社一筋に生きてきた。家族から文句を言われようと、仕事のためなら家族も生活もすべて後回しにしてきた」と、さも自慢げに吹聴するのです。

このような働き方、生き方が、ビジネスパーソンとして果たして本当に正しいのか……

この疑問に明確なこたえを与えてくれたのが、経営コンサルタントのスティーブン・コヴィー博士。世界20カ国で2000万部のミリオンセラーを記録した『7つの習慣』の著者です。

コヴィー博士は、日本のある有名な経営者と対談した時、いかに人生を仕事に捧げてきたかを滔々《とうとう》と述べる経営者に、こう語りました。

「私は組織で成功しましたが、家族でも成功しました。9人の子どもと36人の孫がいますが、私はそのひとりひとりと、フェイストゥフェイスでつき合い、みな立派な社会人になってくれました。それが私のもっとも誇ることであり、組織での成功は二の次でしかありません」

わが子どころか、孫とも向き合い心を配る。その結果、子どもも孫も、自分のことを慕い好きだと言ってくれる。それこそが自分にとって最高の幸せであると、コヴィー博士は言うのです。

組織で成功を収めても、財力を蓄えても、家族から信頼し愛されなければ、本当の意味での幸せとは言えない。私はこれこそが、目ざすべき理想的な生き方ではないかと思うのです。

コヴィー博士にならうなら、目ざすは「愛されるおじいちゃん・おばあちゃんになること」といったところでしょうか。もっとも、仕事で成功しお金を蓄えればこそ、こうした幸せが叶うのかもしれませんが、家族ひとりひとりと向き合うことなしに幸福はあり得ないことが、彼の言葉からよくわかるのではないでしょうか。

愛は「家事」で表現しよう

「家族との関係をきちんと築くには、具体的に何をしたらいいのでしょう？　家事も育児も積極的にこなしているし、残業のない時はまっすぐ家に帰るようにしているし……最近気づいたのですが、自分は案外、家事は嫌いではないようです」

それはとてもいいことじゃないですか。分担させられてしかたなくやっていても喜ばれませんが、好んで積極的にやっているなら、奥さんも「助かるな。ありがたいな」と思うのではないでしょうか。

残念ながら、私の場合家事はあまり得意ではなかったので、一生懸命料理をつくっても、子どもたちからは「お父さんの料理はエサだね」なんて手厳しいことを言われてしまいましたが（笑）。

でも、たとえエサでも、子どもたちに気持ちだけは伝わったんでしょうね。みんな喜んで食べてくれたし、長女は小学生の頃からよくお手伝いもしてくれました。私自身、そんな長女には深く感謝したものです。

こうして考えると、家事というのは、家族の関係を深める大切な試みかもしれません。何も手料理をつくらなくても、自分の使った食器は必ず洗うようにするとか、洗濯物を積極的にたたんでみるとか。

家事はすべて奥さん任せという人であれば、そういうちょっとしたことを、何気なくさっとやる習慣をつけるだけでもずいぶん違うのではないでしょうか。「仕事で疲れて帰ったのに、やってくれているな」と気づけば、相手を思いやろう、いたわろうという気持ちがおのずと生まれるはずです。

昨今では「共働きなんだから、家事分担なんて当たり前」というカップルも多いかもしれませんが、信頼し合える関係をつくりたいなら、せめて「ありがとう」を口にする習慣を心がけてはどうでしょうか。

家族の愛情というのは、こうしたささやかな生活習慣の積み重ねから、ゆっくり時間をかけて育まれるのだと思います。

夫婦の基本スタンスは「リスペクト」

家族の関係を築くために、忘れてはいけない大切な心がけがもうひとつあります。それは、相手を「リスペクトする」ということ。「さすがだな」「すごいな」と、相手を心から認めるということです。

とくに夫婦間では、このリスペクトがたいへん重要です。親子間であれば、かわいいという気持ちや親としての責任感から、何とか関係を築く努力をしようとするかもしれませんが、残念ながら夫婦の場合はそうはいきません。

結婚した当初はありあまるほどあった恋愛感情も、当然のことながら時間が経つにつれて薄れます。熱烈な恋愛の末に結婚しても、わずか数年程度で離婚してしまうのは、時とともに薄れる恋愛感情だけで一緒になってしまった結果だと言えます。

一方、結婚当初からずっとうまくやっている夫婦は、たいていの場合、相手を何らかの

形でリスペクトしているものです。時間が経つにつれて薄れてしまう恋愛感情に対し、リスペクトの気持ちはちょっとやそっとではなくならないからです。

相手をリスペクトする気持ちをベースに、互いを大切にする努力を怠らないからこそ、長く安定した関係を維持できるというわけです。

ちなみに、私の妻はたいへんな料理上手で、結婚当初は毎晩のように、異なる料理が次々と食卓に並びました。この料理の腕前に関しては、さすがの私もリスペクトせざるを得ない。子どもたちに「エサだ」と言われるレベルの私など、足元にも及ばない、それはおいしい料理だったのです。

「佐々木さんは、奥様と離婚を考えたことはなかったのですか？」

かつて講演会に参加してくれた女性から、こんな質問を受けたことがありますが、私はその時、とっさにこう答えました。

「一度もありません。自分が望んで結婚したのですから、何とかやっていこうと努力しなくてどうするんです」

結婚における愛情とは、相手をリスペクトし、できる限りの責任を果たす努力をすることである。私はそう考えています。

嫁姑問題にコミットせよ

夫婦が抱えがちな問題のひとつに、「親と連れ合いの関係」があります。代表的なのが、いわゆる嫁姑問題。君のところは大丈夫ですか？

一般的に、嫁と姑などの間でトラブルが起きると、夫は面倒がって逃げ腰になったり、無関心をよそおうことが少なくありませんが、両者がうまくやっていけるよう仲を取り持つのは、じつは夫の大事な役割です。

血のつながりもない、生活環境も異なる者どうしが、家族同然につき合いをするわけですからね。合わなかったりぶつかったりするのは当然のこと。それを踏まえて、何とか折り合えるようお互いの言い分を聞いてあげれば、それだけでも両者の不満はだいぶ解消されるはずです。

万が一嫁姑問題が勃発したら、２人が円満にやっていけるよう、君には調整手腕を磨いてほしいところです。

ただし、私は親との同居は基本的にお勧めしません。いくら円満にやっていくよう努力しても、同居となるとお互いに大きなストレスを抱えることになるからです。

「高齢の親をひとりにしておくのは心配」「家族に迎え入れて一緒に暮らしたほうがいい」と考えるのもわかりますが、一緒に暮らすというのは、口で言うほど簡単ではありません。

高齢になって大きなストレスを抱えるくらいなら、多少さみしくても気楽に独り暮らしをさせたほうが、よほど親孝行です。そもそも人は死ぬ時はみなひとりで死ぬもの。ひとりに慣れさせておくのも、ある意味大切なことなのです。

え？　そんなのひどい？　親がかわいそう、ですか？

私はそうは思いませんよ。だって、一緒に暮らすのなんのと、子に依存させるようなことをしたら、かえって親の自立を妨げて、不健康にしてしまうかもしれない。大事なのは、たとえ別々に暮らしていても、たえず「あなたのことを思っているよ」という思いやりの気持ちで、親に接することではないでしょうか。

親を「タテ」ではなく「ヨコ」で見てみよ

家族との関係を良好にするには、親子関係を「タテ」ではなく「ヨコ」で見てみることも大切です。親は上、子は下といった上下関係＝「タテ」ではなく、同じひとりの人間であるという対等の関係＝「ヨコ」で見てみるのです。

年齢や経験などを取り払って、目の前の子どもをひとりの人間として対等に見れば、「干渉し過ぎるのはよくない」「押し付けがましいことは言うまい」とおのずと気遣いが生まれますよね？

むろん、よくないことをした時は、叱ったりたしなめたりしなくてはいけませんが、「ヨコ」で相手を見れば、感情的にならず冷静なやり取りがしやすくなります。

その結果、腹を割って何でも相談し合えるようになり、強い信頼や絆が生まれるのではないでしょうか。

実際、私はわが子とだけでなく、自分の親とも「ヨコ」を心がけてきました。自分の母親に対しても、母親である前にひとりの女性であると考えていたのです。

私の母は28歳の時に夫を亡くし、女手ひとつで苦労しながら、4人の子どもを育て上げました。私はそんな母の姿を見ながら「母の人生が苦労だけで終わってしまうのは絶対にいけない」と思っていたので、母によい再婚話が持ち上がった時は、諸手《もろて》を挙げて賛成しました。

他の兄弟は「母親が再婚なんて」と後ろ向きだったようですが、私は「母もひとりの女性として幸せになる権利がある」と言って彼らを説得しました。親の再婚を積極的に勧める息子なんて、ちょっと奇妙に思うかもしれませんが、私は親ではなくひとりの人間としての母の幸せを、本心から願っていたのです。

事実、私と母は、親子というより親友か姉弟のように仲よしでした。再婚当時、母は48歳、私は24歳でしたが、母は初恋の話から再婚への不安まで、何でも相談してくれたものです。

こんなふうに、私と母がケンカひとつしない、心から信頼し合える関係でいられたのは、お互いを「タテ」ではなく「ヨコ」で見ていたからだと思うのです。

夫婦も親子も、「タテ」より「ヨコ」。この考え方をぜひ実践してみて下さい。

家族に手紙を書きなさい

進んで家事をする。お互いをリスペクトする。

家族のつながりを強くするには、こうした日々の行動や気持ちが不可欠ですが、相手を深く愛しているということを、時には言葉で伝えることも大切です。

え？「愛している」なんて、とても口に出して言えないって？

いえいえ、私がお勧めするのは手紙です。「愛してるよ」って口で言うのも悪くありませんが、手紙のほうが言葉をていねいに選べますし、口に出すとちょっとテレくさいことも、恥ずかしがらずに伝えることができますからね。

それに何より、手紙はあとで読み返すことができます。その時は理解できなくても、時間をおいて何度か読み返すうちに納得できることもありますし、もらった手紙がいざという時の心の支えになるということもあります。

わが家はつねに多忙で、じっくり会話するような機会はほとんどありませんでしたが、にもかかわらず家族崩壊せずにやって来られたのは、時々お互いに手紙のやりとりをしていたからだと思います。

君も奥さんやお子さんに、何かのきっかけを見つけて、手紙を書いてみるといいですよ。心をこめた手紙を喜ばない人なんて、まずいませんからね。

私は娘が自殺未遂を図った時も、必死で手紙を書きました。

娘の不安に気づいてやれなかった申し訳なさと、生きる気力を取り戻してほしいという願いをこめて、「あなたほど愛した人はいない。あなたの繊細な人柄も、思いやりのある生き方も、お父さんは大好きなのです」という内容をしたためたのです。

自殺未遂の知らせにショックを受け、便せんを使う余裕すらなく、会社にあった資料の裏紙に慌てて筆を走らせたのですが、娘はこの手紙を長年手帳に挟み、ずっと大切に持っていてくれました。このことを知った時は、本当に、涙が出るほどうれしかったですよ。

今はメールやLINEを使って、日常的に言葉のやりとりをする家族も多いと思いますが、手紙なら、こういう形で残すこともできます。ここ一番！　という時は、やっぱり手紙が一番だと思います。

絆をつくるのは「時間」より「思い」

「最近、子どもも部活が忙しくて、一緒に過ごす時間をあまりとれないのです。小学生の頃は、休日にドライブしたり旅行に出かけたり、たくさんコミュニケーションをとれたのですが、今はろくに話もできなくて……大事な時期なのに、これで大丈夫かなとも思うし、正直、少しさみしい気もします」

君、本当に子煩悩ですね（笑）。子どもが慕ってくれなくなってさみしいのもわかりますが、思春期の子どもなんてそんなもの。親より友だちとの関係を大事にする時期ですから、親との会話が少なくなったり、親に対してつれなくなるのも、ある意味自然なことではないでしょうか。

食欲がないとか浮かない顔をしているとか、心配になるようなサインがあるなら別ですが、そうでないなら、ムリしてコミュニケーションの時間をとろうとしなくても大丈夫。長い時間をとるばかりが、絆を深めるわけではないですよ。

前にもお話ししたように、私は6歳の時に父親を亡くし、4人の子どもを育てるために母は働き詰めでしたから、一緒に過ごせる時間はほんのわずかでした。

にもかかわらず、たいへん家族仲がよく、よその家に比べて結束力が強かったのは、たとえ短い時間でも、母が私たちに深い愛情を注ぎ、生きていくのに必要なことを一生懸命話して聞かせてくれたからだと思っています。

そういう意味で言えば、食卓やリビングで過ごすちょっとした時間に、「最近部活はどう?」「勉強、むずかしくなってきた?」と、短く雑談してみるのも大切なことかもしれませんね。

「別に」とか「わかんない」とか、そっけないリアクションが返ってくるかもしれませんが(笑)、親が自分を気にかけてくれているとわかれば、お子さんも内心うれしいはずです。思春期の子どもは、過干渉をいやがる反面、まだまだ甘えん坊なところがあるものですしね。

親子の信頼関係は、過ごす時間の長さより、どういう気持ちで接したかが大切。べったり長く寄り添うだけが、愛情表現ではありませんよ。

第５章

略したぶんだけ人生は豊かになる

人生の「棚卸し」をしなさい

「人生の折り返し地点」という言葉がありますよね。仕事や家族、人間関係など、自分の過去を振り返りながら、将来を見つめ直してみる時期のことですが、君は人生の折り返し地点は、何歳頃だと思いますか？

私はずっと、人生の折り返し地点は50代だと思っていました。社会人になるのがだいたい20歳、それから30年働くと50歳。人生80年とすれば、50歳から30年は生きるとして、ちょうど50歳あたりがまん中になる。そう考えていたのです。実際に、私は50代後半で取締役を解任され、子会社に左遷されたのをきっかけに人生を振り返る時間を得ました。たいへん悔しい出来事でしたが、そのおかげで妻と過ごす時間が増えて病状も改善し、これまでの生き方や働き方を振り返る、人生の「棚卸し」ができたのです。

この棚卸しがなければ、私は本を書くことも、君とこうして大切な話をする機会もなかったかもしれない。そう考えると、左遷は天からの恩恵とさえ感じられます。

「もう自分の仕事人生は終わった」とあきらめかけていたのに、別の形で自分の力を生かせるチャンスが来るなんて、本当に、思ってもみなかったことだったのです。

ただ、私自身の経験を鑑みると、人生の棚卸しは、50代では少し遅いかもしれません。できれば40代のうちに人生を振り返り、今後の人生をどう生きていくかを考えたほうが、余裕をもって後の人生に備えられる気がします。

むろん、人生はそれぞれですから、早いばかりがよいとも限りませんが、肉体的にもまだ若い40代のうちに振り返っておけば、やり残しや後悔を最小限に止め、後半の人生をより充実させやすくなるでしょう。

「この忙しい時期に、人生を振り返ってなどいられない」と思うかもしれませんが、40代の今考えておかなければ、手遅れになる可能性も決して否めません。

幼い頃から今現在まで、自分は何を経験し何に感動したか、強みは何か弱みは何か。偽らざる自分と向き合う人生の棚卸しを、おざなりに略してはいけません。

「信頼口座」の残高を確認しておこう

40代は、仕事やプライベートにおいて、自分が周囲からどのくらい信頼されているかを振り返ってみるのも重要です。銀行の預金口座を確認するように、自分が蓄えてきた「信頼」の口座を確認してみるのです。

私はこれを「信頼口座」と呼んでいます。

たとえば君が日頃から時間や約束を守り、人の窮地には進んで手を差し伸べる誠意ある行動を積み重ねていれば、信頼口座には豊富な蓄えがあることになります。豊富な蓄えがあれば、大きな失敗をしでかしてしまったとしても、「彼があんなことをするなんてよほどのことだ」と受けとめてもらえます。

しかし逆に、残高が不足していると、ひとつの失敗が大きな命取りになります。

20、30代なら、「若いからしかたない」と大目に見てもらえることもありますが、40代

となるとそうはいかない。信頼口座が十分でなければ、たとえ能力が高くてもチャンスを与えられる機会が減り、挽回しようにも取り返せないという事態を招きかねないのです。

君の信頼口座は、どうでしょう？　十分な蓄えがありますか？　不安を感じたなら、派手な手柄をあげるより、人間関係をきちんと築くことに注力したほうがいいかもしれません。信頼の残高チェックを略さないよう、注意して下さい。

私は課長時代から取締役になるまで、自分を育ててくれた社長に誠心誠意仕え、期待に応えようと必死にがんばってきました。ですので、社長と自分の間には強い信頼関係がある、信頼口座の残高は十分あるはずだと考えていたのです。

ところが、実際の信頼口座の残高は、残念ながら不足していました。

取締役になった後も、私は会社のためにならないと思えば躊躇なく社長に苦言を呈しました。そんな私に社長は不満を募らせ、少しずつ残高を減らしていたのに、私はそれに気づくことができなかった。それが結果的に左遷につながったわけです。

このように、信頼口座の残高は、時と場合によってつねに変動します。私のような失敗を犯さないよう、誰に対しても気を抜かず、慎重にていねいに、信頼の貯蓄を心がけるべきだと思います。

自分の性格を客観的に理解せよ

君は、自分で自分の性格をわかっていますか？

見知らぬ人と肩がぶつかったら、「失礼しました」とスムーズに謝れるか。

落とし物を拾ってもらったら、「ありがとうございます」と笑顔で返せるか。

人が何か過ちを犯した時、すぐに腹を立てず、事情を聞いて「許そう」と思う広い心を持っているか。


いや、何も君の社会人としての態度を審査しようと言うのではありません。

人は自分の人間性や性格を、案外自分自身でわかっていない。あるいは漠然と認識していても突き詰めて理解しようとしない。だから、一度身近なところから、自分の性格を客観的に見る機会を持つといいと言いたいのです。

私は48歳の時に会社で「リフレッシュ研修」というのを受けたことがあります。「友だちがたくさんいますか？」「社交的？　それとも内向的？」など100の質問に答えさせられた後、コンピュータ処理された性格診断結果を無記名で配布され、5名ずつのグループ内でどれが誰の性格かを言い当てるというアクティビティを行ったのです。

結果は、正解率50％。何と半数の人が自分の性格診断を間違えてしまったのです。人がいかに自分のことを正確に理解していないかが、この結果からもよくわかりますよね？

人間誰しも自分の弱みや欠点を認めるのはイヤなものです。でも、自分を突き放して冷静に見てみることを、決して略してはいけません。

良い悪いとは無関係に、自分の性格を客観的に理解していたほうが、長所をどう伸ばし欠点にどう対処すればいいか、より具体的に考えることができ、弱点を強みにとらえ直すこともできるからです。

もしも君が「自分はここが弱い」「こういう自分が嫌い」と感じている点を見つけたら、それはむしろラッキーですよ。弱点を知る＝長所を生かすという貴重な機会を、ひとつ得られたわけですからね。

出世は「能力」「努力」「人間性」のバロメーター

近頃では「会社員の5割が管理職になれない」という指摘もあるそうですね。管理職になるどころか、給料が減らされるんじゃないかと不安でたまらない、やりがいどころか働く意欲さえ湧かない……そんな40代も少なくないと聞きます。君の周囲でも、そういう不安を抱えている人はいませんか？

長引く不況で、経営不振にあえぐ企業も多い中、先行きに不安を抱える人の気持ちはよくわかります。コツコツ努力さえすれば、誰もが課長や部長になれた時代とはわけが違うのもわかっているつもりです。

しかし、それでもなお言いたいのは、「自分には能力がない」「どうせダメだ」とあきらめてほしくないということ。あきらめそうになった時は、あきらめる言い訳ではなく、「自分を幸せにするためには何ができるのか」をとことん探してみる。そういう自分になる習慣を身につけてほしいのです。

学歴がない、目立った成果が出せていない、だから人事評価の数値も低いなどと決めつけてしまう人もいますが、制度はひとつの指標に過ぎません。実際の評価というのは、日々の働く姿勢から判断されることがほとんどです。日々いかに仕事に向き合い、人に接しているか、その努力や人間性も会社での評価につながります。

つまり出世とは、「能力」に「努力」「人間性」を加えた3つのバロメーターによって、決まっていくものなのです。

むろん、努力や人間性が即評価に結びつくわけではありません。一発逆転でいきなり評価が上がるほど、出世が甘いものではないのも確かです。

でも、**40代の今からできることを積み重ねれば、10年後の50代には今より確実に上に行けるはずです。成長の角度が5度なら5度なりに、10度なら10度なりに、目標に向けて成**

長の坂を上っていけばいい。毎日少しずつやれば、365日の10倍もの時間がある。そう考えれば、成長できないはずがないではありませんか。

「能力」に自信がないなら、「努力」や「人間性」を高める工夫を。自分らしさを生かして坂をよじ登る気持ちを、略さないでほしいと思います。

「悲観は気分、楽観は意思」と心得よ

40代は、出世競争にさらされたり、管理職としての激務に追われるなど、30代に比べて、格段にストレスを抱えやすくなる時期かもしれません。

出世したならしたなりに、しなければしないなりに、「後がない」「逃げられない」という不安な状況を強いられることも少なくはないでしょう。

でも、不安やストレスというのは、行動を起こす源泉にもなり得ます。不安やストレスを乗り越えるために、必死になってエネルギーを生み出そうとする結果、思ってもみなかった力が発揮されるのです。

スポーツの世界などでもよく言われますよね。

ある程度のストレスがあったほうが緊張感が生まれ、よりよい結果を招くことがある。

逆にリラックスし過ぎてしまうと、あまりいい結果が出せない。

もちろん、過剰なストレスはよくありませんが、自分の能力を引き出しブレイクスルーを果たす絶好のチャンスととらえれば、ストレスはあながち悪いものではないということがわかるのではないでしょうか。

『幸福論』を著した哲学者のアランは、こんな言葉を残しています。

「悲観主義は気分のものであり、楽観主義は意思のものである」

物事を気分で考えていたら、不安が増えると気分が落ち込む。しかし「何とかなる、成せばなる」という意思で考えれば、不安が増えても強い気持ちでいられる。つまり意思の力で楽観的に物事を見たほうが、何事もうまくいくということなのです。

思えば、私の人生には多くの逆境が立ちはだかりました。

父親のいない貧しい家庭で育ち、初めて授かった長男は障がいを抱えて生まれ、妻はうつ病を患い自殺未遂を繰り返した。挙げ句、出世競争から落ちこぼれて、子会社への左遷を余儀なくされてしまった……。

これほどの逆境が重なったにもかかわらず、私がくじけず前向きに生きて来られたのは、「大丈夫、なんとかなるさ」という楽観主義で生きてきたからにほかなりません。人生を明るく、ほがらかに生き抜きたければ、「なんとかなるさ」の楽観主義を略さないで下さい。

力を抜いて、運命を受け入れよ

大学時代の友人が課長に昇進しました。「やったな！　おめでとう」と口では言ったものの、「それに比べてどうせ自分は」というモヤモヤした気持ちが、心のどこかでくすぶっています。「アイツに負けないよう、がんばらなきゃ」と自分を奮い立たせるのも、何だか少ししんどくて……。

友人が自分より先に昇進したことに、少し焦りを感じているのですね。でも、君は君なりに努力しているんですから、そんなに自分を卑下する必要はありませんよ。「アイツはアイツ、俺は俺」って、楽にかまえていればいいんです。前にも言いましたよね？　アドラーの言葉。人と比較しない。人生は他者との競争ではない。対人関係の軸に競争があると、不幸から逃れられなくなるって。

努力の目標は、他人との比較ではなく自分軸で決めるもの。人と比べてがんばらなきゃなんて思わなくていい。人と比べていたら、永遠に競争することになって、底なしの努力を強いられることになってしまう。そんな努力の仕方をしても、自分を成長させることはできません。

他人のことは、自分を成長させる参考程度に考えておけばいいのです。自分に足りないものを補うための材料って感じでね。

ただ、君の焦りもあながちわからなくもありませんよ。

私は39歳の時課長に昇進しましたが、40代に入るとすぐ、妻が病に倒れて入退院を繰り返すようになりました。家事に加え、障がいを持つ長男を筆頭に3人の子どもたちの世話をすべて引き受けることになったため、毎日18時には退社せざるを得なくなったのです。19時に自宅に着いたら、夕食をつくって子どもたちに食べさせ、明日の弁当の用意をする。翌朝は5時半に起きて子どもたちの朝食と弁当をつくり、登校の支度をさせる。それが済んだら7時に家を出て、定時より早い8時には出社する……そんな生活を送っていましたが、内心では「家事や子どもの世話さえなければ、もっと仕事をして、もっと成果が出せたのに」というモヤモヤした思いもあったのです。

でも、「なんで俺がこんな目に」と嘆いたところで、目の前の現実が変わるわけじゃない。これが与えられた運命なんだと受け入れて、やれる範囲でベストを尽くすしかない。腹をくくってやってみて、望む道に進めなくてもそれはそれ。

出世競争を死に物狂いで戦ったのも事実ですが、私はいつも心のどこかで、ほどよく力を抜いて、楽観的にものを見るようにしていたのです。

私がこのように考えるようになったのは、母の教えのおかげです。母は4人の子どもを育てるために毎日働き詰めでした。いつも笑顔でグチひとつこぼさない、太陽のような人でしたが、つらいことがある時は、こんな言葉を口にしていました。

「運命を引き受けてがんばろう。がんばっても結果は出ないかもしれないけれど、がんばらなければ何も生まれないじゃないの」

努力しても報われないと感じた時は、君もぜひ、この言葉を思い出して下さい。

現実から目を背けず、与えられた運命を受け入れる勇気を略さなければ、君の前途はおのずと開けてくるはずです。

失敗して「識見」を得なさい

何度も練り直した新規事業の企画が、ようやく上司に認めてもらえたのですか。それはよかった。君、やればできるじゃないですか。

え？　責任者になってうまくいかなかったらどうしようですって？　失敗したらクビになるんじゃないかですって？

何を言っているんですか。まだやりもしないうちからビビってどうするんです。大丈夫、思うようにやってみなさい。せっかくのチャンスなんです。リスクを恐れず、どんどんいきましょう。失敗したって上等じゃないですか。

だって「失敗は成功の母」と言うでしょう？　失敗というのはね、しっかり振り返って原因がわかりさえすれば、むしろ歓迎すべきものなんですよ。そりゃ、なおざりにやって犯す失敗は許されませんが、ベストを尽くして失敗するなら、それは間違いなく成功につながっていくものなんです。

私もね、若い頃はたくさん失敗しましたよ。そのたびに上司に怒られて人前で罵倒されて、ものすごく悔しい思いをしたものですが、そんな失敗という糧があったからこそ、大きな成果が出せたのです。

むろん、失敗を推奨するつもりはありませんが、失敗を恐れずいちかばちかの勝負に出る気概も、40代の君には必要です。「クビになったってかまわない！」くらいの覚悟があったほうが、肝の座った仕事ができるのではないでしょうか。

そもそも君、今回の企画を絶対に失敗させたくないでしょう？　苦労してつくりあげたんです。何とか成果を出してやるって、腹の底から思うでしょう？　クビになるかどうかなんて、全力を尽くした後に考えればいいんですよ。

挑戦して、失敗をして、とことん振り返って反省して、次に生かして成功に導く。こうした体験は、単なる体験で終わらせるのではなく、内省することによって生きた経験＝「識見」に変えることが重要なのです。

識見を得れば、正しい判断を下す力が養われ、やがて君の人間力を高めます。識見を得る失敗を、略そうとしてはいけませんよ。

他愛ない作業にこそ、価値を見出せ

世の中には、一見「やりがい」とはほど遠い仕事もたくさんあります。

毎日ひたすら、ルーティーンワークをしなければならない仕事。

管理したり処理したりするばかりを繰り返す事務的な仕事。

こうした職業に就いていると、失敗を乗り越えるような体験さえ得られない、自分がその仕事をする価値を見出せない、一体何をモチベーションに自分を成長させればよいのかと、悩んでしまう人もいるかもしれません。

でも、どんな仕事であろうと、仕事である限り、果たすべき大切な責務があることに変わりはありません。

誰がやろうと関係ないように見える単純な事務作業も、クレームや意見を受け付けるコールセンターのような仕事も、やり方ひとつ工夫ひとつで、何らかの発見や成果を得られる可能性も決して少なくはないはずです。

実際、私も入社して管理部に配属された当初は、計算したり処理したりの事務作業ばかりで、「こんな仕事、誰がやったって同じだろう」「これを俺がやる意味があるのか？」などと生意気なことを考えていました。

しかし、コツコツやり続けるうちに「こうすればもっと効率よくなるかな」「このほうが質の高い仕事ができるな」と頭を使って仕事をこなすようになり、やがてそれが認められて、より重要な仕事をふってもらえるようになったのです。

40代にもなって、こんなつまらない仕事しかできない。そう思うのだとすれば、それは仕事がつまらないのではなく、つまらないとしか思えない人間の側に問題がある。勝手に屁理屈をつけて、真剣に仕事に向き合えない自分を正当化しているだけ。たとえどれほど地味に見えても、つまらない仕事なんて、この世の中にはないに等しいと言っても過言ではありません。

「つまらない」と思うなら、つまらないもので終わらせないよう頭を使う。小さなことでもいいから、よりよくこなせるよう知恵を絞る。他愛ない作業にこそ、価値を見出す努力を略さないでほしいと思います。

「思いやり」こそが成長のカギである

私は何度か君に「仕事では真摯であることが重要だ」という話をしましたね。

真摯であるとは、嘘をつかないこと、約束を守ること、謙虚であること……。

では、真摯であるために何が必要かと言えば、それは「思いやり」のひと言に尽きると言っても過言ではありません。心の軸に「思いやり」という金筋が通っていてこそ、人は初めて真摯になることができるのです。

『論語』で有名な中国の思想家・孔子も、人間が生きる上でもっとも大切なのは「恕《じょ》」、すなわち人に対する思いやりを持つことであると説いています。

数々の名将が群雄割拠し、激しい争いを繰り広げた戦国時代にあってなお、一番大事なのは思いやりであるというのだから、思いやりというものがいかに重要であるか、君にも理解できますよね。

ちなみに、アメリカの作家レイモンド・チャンドラーの作品に登場する私立探偵フィリップ・マーロウも、こんな名台詞を残しています。

「強くなければ生きていけない。やさしくなければ生きる資格はない」

生きていくには強さが必要だが、それ以上に求められるのはやさしさである。やさしさに勝る強さはない……孔子の説く「恕」と同じように、マーロウのこの言葉もまた「思いやり」の重要性を示しているとは思いませんか。

生きていくには、何かをやり遂げる強さ、努力を惜しまない執念、状況によって器用に立ち回る賢さも必要かもしれません。思いやりだけで乗り切っていけるほど、この世は甘くないのも事実かもしれません。

ましてやビジネスの世界で「一番大事なのは思いやりだ」などと言えば、一笑に付されることさえあるかもしれません。

でも、どれほどの強さがあろうと賢さがあろうと、思いやりに欠ければ、人はしょせんそれまでだということを忘れてはいけません。人生に迷う時は、はたと立ち止まり、「そこに思いやりはあるか」ということを問い直して下さい。

「思いやり」を略さない。それが一番の成長のカギとなるのです。

自分の強みを深掘りせよ

君の同僚に、転職を考えている人がいるのですか。

今のご時世、転職を考えるのはそれほど珍しいことではないですよね。終身雇用制も縮小した現状では、転職はむしろ考えて当たり前とさえ言えるかもしれません。ネットでも、転職に関する情報が日々あふれかえっていますしね。

もっとも、私は安易な転職は反対です。

たとえどんな組織であろうと、そこで培われた人脈や実績は貴重です。転職するということは、その貴重な財産を評価してくれる人がまったくいなくなってしまうということを意味します。

もといた会社での実績を評価されての転職なら話は別ですが、そうではなく思いつきや勢いのレベルで転職してしまうと、不利益を被る可能性がとても高いわけです。

ただ、人によっては目標を断念せざるを得なかったり、家族の事情などから転職を余儀なくされるという人もいるかもしれません。

そういう場合は、何か新しいことに挑戦するのではなく、これまでやってきたスキルを深掘りするつもりで、新たな職場を求めるといいのではないかと思います。

たとえば、営業をやってきた人なら同じ営業職を、システムエンジニアをしてきたならシステムに関わる仕事を極めることを目標に転職を計画するといいのではないでしょうか。

これまでの仕事が性に合わなかったから、何か別の仕事にチャレンジしたいという人もいるかもしれませんが、40代で新しいことをするには相当の覚悟が必要です。「どうしてもやりたい」というモチベーションがあるのなら別ですが、そうでないならこれまでのスキルを生かすほうが確実です。

イヤイヤながらやっていた仕事だとしても、それなりに身についたスキルに世話になったほうが、自分を成長させられる可能性は圧倒的に高いのです。

君の同僚が、転職をどの程度現実的に考えているのかはわかりませんが、本気で転職を成功させたいなら、自分の強みをしっかりと見つめ直し、自己研鑽できる転職かどうかを見きわめる慎重さだけは、決して略さないでほしいものです。

転職・起業するなら野心を極めなさい

このまま今の会社に居続けても、上司が変わらない限り、自分は認めてもらえない……それが君の同僚の、転職したい理由ですか。その言葉を聞く範囲では、転職を考えるのは早計だという気がしなくもありません。認めてもらえない理由を、今一度、自分自身によく問うてみる必要があるのではないですかね。

転職理由として一番多いのは「その会社で認めてくれないこと」だと言われるそうですが、私に言わせれば、○○してくれないから会社を辞める「くれない症候群」から転職を考えるのは、決して賢いとは言えません。

上司が認めてくれない、言い分を聞いてくれない、昇進させてくれない……これら「くれない症候群」から別の会社に移っても、結局次の会社でも同じ不満を抱えて、ふたたび「くれない症候群」に陥るのが関の山だからです。

君の同僚の場合、ひょっとすると「くれない症候群」かもしれませんから、もう少し冷静に、時間をかけて考え直したほうがいいのではないでしょうか。不満があるとはいえ、それなりの理由があって選んで、ずっと働いてきた会社なのですしね。

ただ、考えに考え抜いた末に、うまくいくかわからないが、思いきって挑戦してみたいことがあるなら、それはそれでやってみる価値はあります。

たとえば東レにいた頃の部下に、とある事情から上司に辞表を叩き付けて辞めようとしていた女性がいました。辞表を叩き付けるに至ったのは、彼女の直属の上司のミスだったという経緯もあり、私は「まあまあ、何も今辞めなくても」と言って彼女を引き止め、一時は退社を思いとどまってもらったのです。

しかし結局、彼女は辞めたいという意志を翻しませんでした。「自分はフランス語の翻訳をやりたい。翻訳したい本がある」。そんな固い決意のもと、会社を辞めた彼女は、その後数百ページにも及ぶフランス語の大著を翻訳し、何と出版することにこぎつけたのです。

この彼女のように、明確な夢や目標を持って会社を辞め、別の仕事に移るなら、転職も決して悪くはないと思います。

ちなみに、こうした転職に関する心構えは、起業に関しても基本的に同じです。起業の場合、独立資金など経済的リスクを背負うぶん、転職以上にむずかしいところもあるかもしれませんが、熱意に加え商才に自信があるなら、こちらもやってみる価値があります。

私の知り合いに、見事起業に成功した若者がいますが、彼の例から起業に成功するポイントを挙げるとすれば、①計算力とマーケットリサーチ力、②ITを戦略的に使いこなす力、③コミュニケーション能力、この3つが、最低限求められるのではないかと思います。

もっとも、彼は決して器用なタイプではありません。どちらかと言うと大人しく、派手に自分をアピールするような性格ではありませんでしたが、事業計画書を携えて、何度も私のもとに相談に訪れる彼からは、「何としてでも成功したい。どうか力を貸してほしい」

という強い意気込みが、ひしひしと感じられました。

転職や起業を目ざすのなら、野心を略すべからず。ここで紹介した彼女、彼のような強い、強い意志の力が必要不可欠なのです。

教養＝「生きた知」を身につけよ

おや？　君、何を読んでいるのですか？

哲学の入門書……ですか。そういえば、最近はビジネスパーソンの間で哲学がちょっとしたブームになっているそうですね。哲学の教えを知ることで、やる気や勇気を得たという40代のビジネスパーソンも少なくないのだとか。

こうした形で仕事に生かせる読書は、とてもいいと思いますよ。哲学に限らず、文学、歴史、芸術、科学など、おもしろそうだと思う本があれば、ジャンルを問わず、どんどん読んでみるといいのではないですか。

ビジネスでは、物事の本質を見極める判断力や、人を理解し動かしていく人間力などが求められます。これらを会得するには、さまざまな観点からの知見、ものの見方、考え方を養わなくてはいけません。そのためには、哲学や文学など、人間性の土台を育み精神性を養う教養書が非常に役立つのです。

プレゼン術や整理術などといった実用書を読むことで、具体的なスキルやノウハウを習得するのももちろん悪くはありませんが、即効性のあるものは得てして効き目が薄れるのも早いものです。40代ではむしろ、すぐ役立たなくても、長く太く効き目を発揮してくれるような、教養を身につける読書を心がけるといいでしょう。

ただし、教養を身につけると言っても、単に知識を頭に詰め込めばいいと勘違いしてはいけませんよ。

いわゆるエリートと呼ばれる人の中には、知識＝教養と勘違いし、詰め込んだ知識をひけらかしたがる人もいますが、私に言わせれば、そんなものは現場で役立たない「死んだ知」です。ビジネスパーソンに求められるのは、あくまで仕事で成果を出し、人を幸せにするための「生きた知」なのです。

残念ながら、日本のリーダーの多くはお金や仕事の話題一辺倒で、深い教養を備えた人があまり見当たりません。でも、自らを幸せにするには「生きた知」＝教養を略してはいけないということを、君はくれぐれも忘れないで下さい。

多読するより、「座右の書」を見つけなさい

教養を身につけるために、いろいろな本を読んでみるといいと言いましたが、これは何も、たくさんの本を読まなければ意味がないということではありませんよ。繰り返しになりますが、大事なのは生きた知を増やすことであって、知識量を増やすことではありません。

「たくさんの知識を頭に入れておいたほうが、お客様とのやりとりにも役立つのではないか」と考えるのも間違いではありませんが、実践の伴わない知識を取り入れてみても、「ただの物知り」で終わってしまうのが関の山。現実のビジネスに役立つとはとうてい思えません。

実際、私の周囲にも本をよく読む人が何人かいましたが、残念ながら、仕事ができるという印象はありませんでした。

本を読むことに一生懸命で、実践に生かしきれなかったということだと思いますが、実践に生かせなければ、いくら読書しても無意味です。そう考えると、読書は多読より、少数精鋭が望ましいと言えるかもしれません。

上司や先輩からの勧めや、新聞雑誌の書評などを参考に、君を支え成長に導いてくれる「座右の書」となる本を、ぜひ探し出してみて下さい。

ちなみに、私自身の座右の書として真っ先に挙げたいのが、キングスレイ・ウォードの『ビジネスマンの父より息子への30通の手紙』。ウォードは公認会計士として働いた後、事業を興して成功した企業家で、本書は彼の息子に宛てた手紙の形で、「経営とは」「部下とは」「結婚とは」「家庭とは」などの内容が書き綴られています。

私は父親を早くに亡くしていたので、父親とはこういうものなのかと、深く感動したものです。仕事や人生について、示唆に富んだ言葉がたくさん登場するので、君もぜひ読んでみるといいですよ。

そしてもう一冊、私の人生に大きな影響を及ぼしたのが、何度か話にも出た『論語』。儒教の始祖である孔子の教えをまとめた問答集です。

私はこの『論語』を繰り返し何度も読み直しました。そして感銘を受けた言葉や重要だと感じたポイントをノートや手帳に書き出したりもしました。

本は、たとえ何度読んだとしても、ただ読んだだけでは身につきません。読んだら書く、書いたら読み返す。これを繰り返すことによって、書かれた内容を自分自身の血肉にしていくことがとても重要なのです。


ただし、ひとつ注意してほしいのは、本を読む時は「うんうん、そうなのか」と丸ごと受け入れてしまうのではなく、「おや？　これはどういうことだろう」「ここに書かれているることは本当なのか？」と、気になる箇所を自分なりに考えながら、批判的に読んでみるということです。

本に書かれてあることを鵜呑みにするだけでは、考える力やものの見方を養うことはできません。仕事に、そして人生に役立つ読書にするには、立ち止まり、考えながら、自分の心に落とし込んでいく作業が不可欠なのです。

生きた知を身につけたければ、じっくりと向き合う濃密な読書の時間を、決して略さないで下さい。

勉強会では最前列に座りなさい

教養を身につけるには、研修会や勉強会などの社外活動に参加するのも有効です。社外活動では、ふだんの仕事では得られない学びや体験がたくさんあります。出世や昇進に必ずしも役立つとは言えませんが、こういう場で出会うワクワクやドキドキは、自分を成長させるよい刺激になります。

機会があれば、君もぜひ参加してみるといいでしょう。

ただし、研修会や勉強会に参加するのなら、必ず最前列に座って、講師の目の前で話を聞くよう心がけて下さい。

私も、次世代の経営者を育成する経営塾で塾長を務めたことがありますが、「仕事ができそうだな」と思う人ほど早めに会場に入り、講師の真ん前に座って真剣に話を聞いているものです。

そして疑問があれば講師に問いかけ、直接講師とやりとりすることによって、自ら学びを深めようと心がけています。講師のほうもこういう参加者は大歓迎ですから、実地に役立つ知恵や情報、ノウハウなどを惜しみなく与えてくれるわけです。

せっかく参加したにもかかわらず、端っこや後ろのほうに座って、講師の話を遠巻きに聞いているような人も非常に多く見受けられますが、私に言わせれば、こんなにもったいないことはありません。

社外活動に参加するなら、遠慮や奥ゆかしさは不要。教養を深める貴重なチャンスととらえて、アグレッシブな気持ちを略さないで下さい。

私も、40代の頃はさまざまな勉強会に参加し、講師の真ん前に陣取って、豊富な経験や知識を少しでも多く吸収するよう努めたものです。

でも、社外活動に力を入れ過ぎて、本業がなおざりになるようなことは絶対にしませんでした。同僚の中には、仕事を後回しにして勉強会を優先する人もいましたが、こういう人が会社で偉くなることはほとんどありません。

社外活動は、あくまで自分を成長させるプラスアルファであるということを、心に止め置いて下さい。

自己紹介より「質問リスト」を準備せよ

社外活動後に行われる懇親会や、取引先から招かれる立食パーティーなどに参加するのも、情報収集や見識を広める貴重なチャンスです。機会があれば、君もぜひ一度参加してみるといいのではないでしょうか。

「パーティー……ですか。積極的に参加したほうがいいとは思うのですが、自分はどちらかと言うと人見知りで、自分からガンガンいけない性格なのです。こういう場で人とうまく会話をするには、どんなことに気をつけるといいのでしょう？　決め手はやはり、上手に自己アピールすることなのでしょうか？」

いいえ、自己アピールより、むしろ参加者に興味をもって接するほうが大事です。どんな仕事をしているのか、どんな人と関わっているのか、どういうところに出かけるのかなど、具体的に質問してみるといいと思います。

むろん、きちんと自己紹介をして、失礼のないよう接する最低限のマナーは不可欠ですが、こういう場ではあまり遠慮せず、フレンドリーにいってかまいません。それほど会話がうまくなくても、「あなたのことを教えて下さい」という気持ちで話せば、イヤな顔をする人はそんなにいないはずですよ。

もっとも、「あなたのことを教えて下さい」という気持ちで話すには、あらかじめある程度、相手のことを知っておくのがベスト。どんな人が集まるのかわかる範囲で把握し、相手の社名、所属、仕事内容などをもとに、「聞いてみたいこと（質問）リスト」を準備しておくのがおすすめです。

一度準備しておけば、次からは、それを少しアレンジしながら使えます。手帳やスマホなどに「懇親会・交流会で聞きたいことリスト」をメモしておきましょう。

懇親会やパーティーなどの社交は、人によっては苦痛に感じることもあるかもしれません（私も見知らぬ人との会話はそれほど得意ではありません）。でも、二度、三度と場数を踏んで慣れてしまえば、さほど苦でもなくなるはず。図々しさを略さないことも、自分を成長させる大切な要素だと思います。

「サムマネー＋アルファ」があれば人生は困らない

お金のことで、奥さんとモメたんですって？

飲みに行く回数をもっと減らしてほしい。なるべく車は使わないようにしてほしい。電気のつけっぱなしに注意してほしい。家族旅行も休日の外食も、できるだけ安く近場で済ませたい……と。なるほど、お金の使い方についてシビアな要求をする奥さんに、ちょっと苛立ちを感じてしまったわけですか。

毎日必死に働いているのに、節約云々言われて、思わずイラっとするのもわかりますが、私としては、奥さんの心がけは決して間違ってはいないと思いますよ。

これからは子どもの教育にお金がかかる。ムダ遣いは少しでも減らしたい。そのくらい気を引き締めてかかる人のほうが、パートナーとしては健全ですよ。

白状すると、じつは私も君の奥さんと同じで、お金に対してはかなりケチな人間なんです。生まれ育った家が貧しかったから、幼い頃から節約が身にしみついているんでしょうね。電気をつけっぱなしにするとか、支払わなくてもいい手数料を支払うとか、そういうことが腹立たしくてしょうがない（笑）。

取締役になるくらい出世したのだから、節約なんか必要ないだろうと思うかもしれませんが、うちは病気の妻の入院費や、自閉症のために独り暮らしさせなければならなかった長男の生活費など、出費も決して少なくなかった。お金の心配をしなくて済むようになったのは、60歳を過ぎて本を書くようになってからなのです。

歳をとってからお金の心配をするくらいなら、少しだけがまんして節約に励んだほうがずっとトクだとは思いませんか？　チャップリンの名台詞に「人生に必要なのは勇気と想像力とサムマネー」というのがありますが、人生後半戦に備えるためにも、サムマネー（いくばくかのお金）に、できればプラスアルファを確保する心構えを略さないでほしいものです。

「お金さえあれば幸せになれる」とは言いません。でも、お金があれば人生の苦労の半分は解決するのも動かしがたい事実です。そのことを踏まえて、お金についてじっくりと、夫婦で真剣に語り合ってはどうですか。

お金より「昇格」をモチベーションに

お金はたくさん持っているにこしたことはない。お金があれば人生の苦労の半分は解決する……ということは、お金を稼ぐことをモチベーションにするのが、自分を成長させる一番の近道なのでしょうか？

佐々木さんも、やはりお金をモチベーションに働いていたのですか？

いいえ、違います。私の場合、一番のモチベーションは「昇格」でした。

課長より部長、部長より役員……と昇格したほうが、給料も退職金も上がっていきますからね。まあ、そういう意味で言えば、お金をモチベーションにしていたと言えなくもありません。昇格とお金は、密接に結びついているものですからね。

最近では、「昇進すると、給料も上がるが仕事の量も増える。管理職になるほうが割が悪い」という人もいるようですが、これは大きな誤解です。

残業代がつけば、一時的にそう感じるところもあるかもしれません。でも、昇進すればするだけ給料も上がり、そのぶん退職金も年金もアップします。一時的な目先の給料だけで判断してしまうなんて、こんなバカな話はありません。本当にお金が大事なら、将来を見据えて考えるべきなのです。

働く女性の中には「保育園に子どもを入れられない。ベビーシッターを頼むとお金がかかって給料の多くがとんでしまう。それならいっそ会社を辞めて、家に入ろう」と考える人も多いと聞きますが、こういう理由で仕事を辞めるのもあまり賢いとは言えません。

このご時世、一度会社を辞めてしまうと、ふたたび社員として就職するのは至難のわざです。パートで勤めに出ても、前より収入は格段に下がります。そう考えれば、たとえ保育料がかかっても、社員で勤め続けたほうが、長い目で見ればずっとトク。子どもの保育にお金がかかるのは、わずか一時のことですからね。

このように、出世や昇格をモチベーションにするのは、経済的に考えても理にかなっているのです。お金について考える時は、目先の利益より将来のリターンで考えるという意識を決して略してはいけません。

身体を動かし、心を休ませよ

40代になって、体力の衰えを感じるようになりましたか。

自慢じゃありませんが、（体重計によれば）私は70代の今も30～40代の体年齢を維持しているそうですよ（笑）。まあ、信憑性のほどはともかく、体が丈夫であることに間違いはないと思います。

何しろ、私は30代の頃から健康には人一倍気を使ってきましたからね。うちの場合、妻が病弱で長男には障がいがあるという状況だったので、万が一私が病気にでもなれば、一家崩壊は免れないという危機感がつねにありました。健康維持に気を使ったのは、家族を守って働くための使命みたいなものだったわけです。

ちなみに、健康維持のコツは、何と言っても食事と睡眠。どんなに忙しくても三度の食事は必ず摂り、最低でも7時間は睡眠をとるよう心がけました。食事は野菜を多めに、肉や魚をバランスよく食べます。お酒も毎日飲んでいましたが、40代の時、健康診断の数値が少し高くなったのをきっかけにやや控えるようにしました。

健康管理では、数値を目安にすると案外便利で、私は毎日体重計に乗って1キロでも増えれば食事を制限し、もとの体重に戻すよう調整しました。ダイエットに悩む人もよく見かけますが、それは増えていく体重をいつまでも放置してしまった結果です。こまめに計って増えたらすぐ戻す。そのほうが、あとあと苦労して減らすより、ずっと楽なのではないですかね。

ところで、君、運動はしないのですか?

じつは、私は運動が大好きなのです。今も毎日ウォーキングしますし、40代の頃も週に2回、4キロのジョギングを習慣にしていました。管理職の時も、定期的にゴルフを楽しんでいましたしね。

ん? 忙しいのによく運動なんかできましたね、ですって?

いやいや、忙しい時ほど、運動したほうがいいんです。ストレスを発散できますし、体が疲れれば頭をからっぽにして、心を休ませることができますしね。運動の習慣は略さないほうがいいですよ、いい仕事をするためにも、ね。

親友がほしければ「自立」しなさい

40代では、仕事、家族、お金など、見つめ直すべきことがいくつかありますが、これに加えて、ぜひとも見直してほしいことが、あとひとつあります。
それは友情、大事な友だちとの関係を温め直すことです。

家族にも話せないことを聞いてくれる、落ち込んだ時に励まし合えるなど、友だちの存在は人生を支え、時に大きな慰めにもなるかけがえのないもの。生涯の友を持てるか持てないかで、人生の豊かさは大きく変わります。

にもかかわらず、案外多くの人が友情に対していい加減です。友だちなんて適当につき合っていればいい。放っておいても縁が切れたりはしない。人によっては、自分はたいして仲のいい友だちもいない、そういう性格なのだからどうしようもないと、友だちの存在を軽視する人さえいます。

でも、こういう人は私に言わせれば「自立」できていない人。自分から立ち上がって友をつくる努力をなおざりにしている人。向こうからやって来て、友だちになってくれるのを待つなんて、いい大人のすることではないのではないでしょうか。

高校時代の同級生、大学時代に所属していたワンダーフォーゲル部の仲間など、私にはいまだに数多くの友人がいますが、放っておいても周りから近づいてきてくれて、勝手に友だちでいてくれたなどということはありません。

「今どうしているかな、会いたいな」と心から懐かしみ、自ら腰を上げて連絡をとろうとするからこそ、多くの友ができるのです。

連絡先を調べてコンタクトをとり、会うための時間や場所を調整するなどの手間ひまは、確かに面倒かもしれません。でも、この手間を惜しみ友情のケアを略すことは、お金では手に入らない貴重な宝を捨てるのと同じことです。

「今さら友だちをつくるなんてもう手遅れ」なんてことはありません。40年も生きてくれば、友だちの心当たりがひとりもいないわけはありません。ゆっくりと時間をかけて旧交を温めれば、10年後には友情という果実を手にできるはずです。
ひとりでもいい。親友をつくるために、自立してほしいと思います。

「本物」を見て謙虚さを身につけよ

働く真の目的は、自らを成長させ、幸せにすることだという話を、何度か君にしてきました。そのためには、物事に対して真摯に、そして思いやりを持ち、他者に貢献する意識を持つのが不可欠だとも話しました。

しかし、目の前の仕事に日々追われていると、悔しいこと、腹の立つこと、思い通りにならないことが次から次へと押し寄せて、思いやりも真摯さも、どこかへ吹き飛んでしまいそうになることも多いと思います。

「がんばってみても、どうせ報われない」

そう感じてしまうことも、決して少なくはないかもしれません。

そんな時は、少し立ち止まって、心の中で祈ってみて下さい。

何も神社に行って神頼みしろというのではありません。今流行りのパワースポットに行ってこいというのでもありません。

私が言いたいのは、とことん努力したら、「神様!」とすがってみる、万策尽きたら何者かに手を合わせるのも、大切な習慣ではないかということなのです。

実際、私は長男のことにしろ妻の病気にしろ、誰かの命が失われかねない状況に何度か陥りそうになりましたが、今こうしてみんな元気に、幸せに暮らすことができています。

「努力したから」「運がよかったから」と言ってしまえばそれまでですが、人の力を超えた何か、人智を超える何かが必死の努力を見守ってくれていて、私や私の家族に味方してくれたのではないかと思えるのです。

私がこう思うようになったのは、かつて仕えていた社長から、こんな話を聞かされたことがきっかけでした。

「自分はこれまでに世界中を回って、感動したものが3つある。エジプトのピラミッド、ネパールのヒマラヤ山脈、山形の湯殿山《ゆどのさん》にある即身仏だ。これを見ると無条件に頭が下がる、人間はこういうものを見るべきだ」

即身仏とは、世のため人のために尽くしてきた僧侶が、山にこもって厳しい修行を重ね、最後は土中の石室に入って祈りながら、人々のために自分の命を捧げるというすさまじいもの。私は湯殿山に足を運び、その姿を見た瞬間、神々しさに胸を打たれ、畏敬の念を抱かずにはいられませんでした。

私も家族のため会社のため、自分なりに尽くしてきたつもりでいましたが、生きながら仏になるという苦行を志した即身仏に比べたら、自分の努力などちっぽけなものに過ぎないと思い知らされたからです。

それに、何より衝撃を受けたのは即身仏から放たれる圧倒的なエネルギーです。言葉では言い表せない「気」のようなものがひしひしと伝わり、人間の存在を凌駕《りょうが》する、途方もないものの存在感を全身で感じたのです。

こういう体験をすると、人間、思わず手を合わせたい気持ちになります。頭を垂れ、ひざまずかずにはいられなくなります。人間の力などたかが知れている。一時の成功に慢心したり、失敗にくよくよしたりせず、おおらかに、謙虚な気持ちでいなければいけない……そんな気持ちにさせられます。

本当にすごいものを見る、本物のすごさに触れるということは、私たちを謙虚に、一回り器の大きな人間に成長させてくれる、とても大切な経験ではないでしょうか。

本物を見るのは、何も神仏に関わることでなくてもかまいません。

美術館で芸術作品を鑑賞したり、博物館で歴史的価値の高い展示物を見てもいいですし、息を飲むような絶景を目の当たりにするのもいいと思います。

むずかしい理屈ではなく、本物が持つエネルギーを全身で感じ取る。

それは君自身のエネルギーを引き出し、君の人間力をぐいっと引っ張り上げてくれるはずです。

本物に触れるチャンスを、どうか略さないで下さい。

おわりに　……ハートにハマる人になりなさい

君が進めてきた企画を、いよいよ明日、取引先にプレゼンするのですか。
大丈夫、きっとうまくいきますよ。
全力で必死に準備してきたんです。
結果はどうあれ、必ず手ごたえを感じるはずです。
自信を持って、自分らしく、務めを果たしていらっしゃい。
……それと最後に、君に伝えておきたい話があります。
緊張をほぐすお守りだと思って聞いて下さい。

＊＊＊＊＊

自分を幸せにしよう。そのためには、自分よりまず相手のことを考えよう。

なぜなら、相手を利すれば、それを上回るリターンが得られるから。

私は君に、そんな話をしました。そして、このことから導き出される実践的なスキルを、君にいくつか勧めもしました。


でも、忘れてほしくないことがひとつあります。

それは、この考え方を決して打算的に利用してはいけないということ。

人々のために貢献するという「志」や「情熱」もなしに、打算のみでこのスキルを実践しても、人の心を動かすことはできません。


打算を上回る君の熱意がなければ、人の心を動かす仕事、人の記憶に残る良い仕事はなし得ないと言っても過言ではありません。

仕事を通して人の心に良い記憶を残す、いわば「ハートにハマる」ような人になることが、理想的な成長のあり方ではないかと私は思うのです。


東レの営業課長を務めていた頃、私をいたく気に入って下さった、とある大手漁網メーカーの社長さんがいました。

その方から、何十年も経ったある日、突然、こんな連絡がありました。

「私は病に冒され、もう余命いくばくもありません。でも、死ぬ前に会っておきたい3人の人がいます。そのひとりが、佐々木さん、あなたです」

彼はその連絡後に奥様とわが家を訪れ、一緒に晩ご飯を食べると、「これでもう思い残すことはありません」と言ってお帰りになられました。

この出来事に、私は深い感動をおぼえずにはいられませんでした。

私とこの方がお会いした回数は、それほど多くはありません。にもかかわらず、今際《いまわ》の直前に自ら会いに来て下さり、「あなたと会っていた1回1回が、私にとっては貴重な時間だった」と、有り難い言葉を残して下さったからです。


なぜ、さほどつき合いも深くない私に、そこまで思いを寄せて下さったのか。

その理由を考えているうちに、ふと、あることが思い浮かびました。

それは、私がその方と会話する時、相手を理解するために、全身全霊を傾けてひとつひとつの言葉に耳を傾けたということです。

ただ「ふんふん、なるほど」と聞くのではなく、その方が何を訴えようとしているのか、言葉の裏側にあるものを必死に掬《すく》いとりながら、彼が探し求める答えを、私なりにひねり出そうと尽力したのです。

当時の私はまだ40代。自分よりずっと年上の手練の経営者を相手に、打算で取り入るような余裕はとてもありません。

その時はただ一途に、この人を理解しようと、私は真剣に耳を傾けただけだったのです。その打算のない気持ちが、この方のハートにハマったのではないか。今思い返すと、そんなふうに思えるのです。

だから君も、明日は一途な気持ちで、先方の方々と向き合って下さい。恐れず、先入観を持たず、まっすぐな心で接してみて下さい。

仕事に追われて忙しい毎日を送っていると、文字通り「心」を「亡く」してしまいそうになりますが、心亡くして人のハートにハマることはできません。

その心（ハート）を少しでも取り戻してほしいと願い、私は君に忙しさを省く＝「略す」という知恵を伝えたのです。

君の健闘を、心から祈っていますよ。

佐々木常夫（ささき・つねお）
株式会社佐々木常夫マネージメント・リサーチ代表取締役。
1944年、秋田市生まれ。69年、東京大学経済学部卒業後、東レ株式会社に入社。01年、同期トップ（事務系）で東レの取締役に就任。03年に東レ経営研究所社長になる。内閣府の男女共同参画会議議員、大阪大学客員教授などの公職も歴任。「ワーク・ライフ・バランス」のシンボル的存在である。
著書に『そうか、君は課長になったのか。』、『働く君に贈る25の言葉』（共にWAVE出版）など、他多数。

40歳を過ぎたら、働き方を変えなさい

2017年5月30日　第1刷発行
2017年8月 2 日　第4刷発行

著者　佐々木常夫

デザイン　井上新八／大場君人
編集　大橋弘祐
編集協力　（株）岩下賢作事務所／藤原千尋
発行者　山本周嗣
発行所　株式会社文響社
〒105-0001　東京都港区虎ノ門2-2-5 共同通信会館 9F
ホームページ　http://bunkyosha.com
お問い合わせ　info@bunkyosha.com
印刷・製本　三松堂株式会社